치매 점옥 씨의 다양한 봄날 이야기

은혜로 핀 꽃

동연

치매 점옥 씨의 다양한 봄날 이야기
은혜로 핀 꽃

2018년 9월 17일 인쇄
2018년 9월 21일 발행

지은이 | 유주영
펴낸이 | 김영호
펴낸곳 | 도서출판 동연
등 록 | 제1-1383호(1992년 6월 12일)
주 소 | 서울시 마포구 월드컵로 163-3
전 화 | (02) 335-2630
팩 스 | (02) 335-2640
이메일 | yh4321@gmail.com

ISBN 978-89-6447-466-2 03040

이 책을   님에게 드립니다.

요즘 사람들에게 제일 큰 문제 중 하나가 나이 많으신 부모님의 마지막 삶이다. 연로하신 부모님의 마지막 삶은 본인에게도 큰 걱정이지만 부모님의 마지막을 지켜보는 가족에게도 커다란 부담이 아닐 수 없다.

늙으신 부모님 문제로 가족들에게는 일파만파의 파도가 치고 아들과 딸 그리고 며느리와 사위까지 모두에게 힘겨운 일이 아닐 수 없다. 게다가 부모님이 치매의 병까지 앓게 되면 그것은 가히 큰 폭풍이나 태풍이 될 수도 있다. 그러나 이 책을 읽는 동안 나 자신은 이 큰 폭풍이 미풍으로 바뀌는 것을 느낄 수 있었다.

저자는 현실 속에 마주 대하는 어머니 속에서 과거의 아름답고 자상하셨던 모습과 언행을 꺼내어 보석같이 잔잔한 아름다움의 빛을 비쳐주고 있다. 뿐만 아니라 자신의 어머니의 치매 진행 과정을 소상히 표현한 것은 치매를 앓고 있는 부모님을 둔 사람들에게 너무나 반가운 안내서가 아닐 수 없다. 또한 어떻게 대처해야 할지 소중한 지식의 세계로 이끌어준다.

특별히 낡고 쇠해가는 육신 속에 갇혀 있는 어머니를 영혼의 세계로 이끄는 저자의 아름다운 사랑이 깃든 이 책을 나는 모든 이들에게 추천하고 싶다.

2018. 9. 6

부평감리교회 홍은파 목사

　사람이 세상에 태어나서 생을 다하고 떠날 때까지 한 권의 책을 출판하지 못한 사람이 얼마나 많은지 헤아릴 수 없는데 이번에 유주영 집사님이 어머님께 받은 사랑을 저술하여 내놓는 것은 대단히 고무적이고 경하해야 할 일이 아닐 수 없습니다. 자녀가 부모님께 대한 사랑을 책으로 남기어 대대로 후손들에게 효의 사상을 되새기게 하여 자식의 근본을 깨닫게 하고 아울러 메말라가는 세상에 가족애의 훈훈한 공동체가 얼마나 소중한가를 몸소 느끼게 하는 귀한 책이라 생각됩니다. 지금까지 부모님의 사랑을 표현하지 못한 모든 분들이 다시 한 번 뒤 돌아보고 늦었지만 지금이라도 부모님께 효를 다하는 자녀들이 되시기를 소망합니다.

　어느 철학자가 말했던가요. 눈물에 젖은 빵을 먹어보지 않고는 인생을 논하지 말라는 명언이 문득 생각납니다. 우리는 무엇으로 부모님의 사랑을 보답할 수 있을까요? 인간의 근본은 위로는 하나님을 경외하며 아래로는 생명을 바쳐 부모님을 공경해야 합니다. 모세가 하나님으로부터 부름을 받아 시내산에서 이스라엘 민족들이 젖과 꿀이 흐르는 땅에서 자손만대 영원한 행복한 삶을 살기 위한 유일한 조건은 "네 부모를 공경하라 그리하면 너의 하나님 나 여호와가 네게 준 땅에서 네 생명이 길리라"(출애굽 20:12)라는 명령이었습니다.

지금까지 부모님께 효를 다하지 못하신 분께서는 이 책을 통해 영육 간에 지친 부모님들과 자녀분들이 건강을 지키시고 회복하는데 귀한 도움을 얻었으면 좋겠다고 생각합니다. 앞으로도 김점옥 성도님 더욱 더 건강하시고 남은 생을 주안에서 날마다 행복하시고, 유주영 집사님과 김점옥 성도님 가정 위에 하나님의 충만하신 은혜가 넘치기를 기원하며 이 책을 추천합니다.

2018. 9

가은병원교회 김도일 목사

퀴즈 하나.

자식들이여, 부모님께 효도해야 하는 시기는 언제인지 아십니까?

부모님이 아플 때, 부모님이 혼자 계실 때, 설, 추석, 생신 때?

아니아니 아니올시다.

바로 부모님 살아 계실 때 효도해야 합니다.

백 번 천 번 맞는 말씀입니다.

바로 여기 현대판 심청이가 있습니다.

이 책의 저자 유주영을 소개합니다.

2014년 6월, 우리 엄마가 치매래요… 시무룩 슬픈 표정을 저는 옆에서 지켜봤습니다.

"이제부터 딸로서 후회하지 않게 제 일손 놓고 어머니를 돌봐 드릴 거예요." 그 후 김점옥 여사님은 온가족들의 깊은 관심과 사랑이 약이 되었습니다.

김점옥 여사님 얼굴에 웃음꽃이 피었습니다.

치매가 아닌 가벼운 감기 걸린 듯 행복해 보입니다.

치매 환자인 친정어머님을 돌보며, 순간순간 잊지 못할 행동과 이해 못할 행동들을 꼼꼼하게 기록했습니다. 그리고 물리 치료사처럼 어머니를 도와드리고, 같이 놀아드렸습니다.

치매환자 돌보기는 현장에서의 경험과 실제 사례가 제일 중요하다는 생각이 듭니다.

뜻하지 않게 치매에 걸리면서 당사자나 가족들이 매우 힘들고 무기력해져서 난관에 부딪칠 때 이 책을 보시면 응급처치에 아주 유익하실 겁니다.

100세 시대 실어증, 실언증, 실행증이 치매의 전조 증상일지도 모릅니다.

이 책을 통해 많은 도움을 받으시기 바랍니다.

이 책을 읽으면서 깊고 깊은 효심에 감동했습니다.

착하고 착한 효심에 감탄했습니다.

세상에 이런 딸이 또 있으랴….

진짜 칭찬받아 마땅합니다.

현대판 심청 유주영 강사님, 엄마 살아생전 진심으로 효도하는걸 보니 정말 존경스럽습니다.

김점옥 어머니, 가족들의 알콩달콩 사랑 받고 더 오래 오래 행복하세요.

2018. 9

홍가원 **박정애** 원장

"엄마!"

오늘도 나는 엄마를 안쓰러운 눈으로 바라봅니다.

대장부처럼 씩씩하고 활기찬 엄마의 모습이 어린아이처럼 순하고 예쁘고 작아졌네요.

오늘도 엄마는 숨쉬기를 힘들어합니다.

우리는 자유롭게 숨을 쉬고 있는데….

언제부터인지 엄마는 일상의 작은 것조차 힘들어 하십니다.

언젠가 엄마는 우리 곁을 바람같이 떠나게 될 것입니다.

우리 딸들에게 추억을 남기고, 감사를 남기고, 사랑을 남기고….

힘겨워하던 날에도 우리와 언제나 함께한 엄마,

아름다운 시절 속에 머물게 한 엄마,

멀리서 손을 흔들며 반갑게 나를 맞아주던 엄마,

언제 또 오냐며 넌지시 다정하게 물어보는 엄마,

미안해하며 조심스럽게 손을 흔들던 엄마.

내일도 모레도 다시 올게요. 힘내세요!

엄마, 사랑하고 감사합니다.

이 책은 비록 치매, 골반 골절 그리고 대동맥 판막협착증 등 세 가지 심한 질병을 앓았지만 가족이 협력하여 행복하고, 감사하며, 즐겁게 인생을 보내고 있는 친정어머니와 딸들의 이야기입니다.

점옥 엄마는 30대 초반에 남편을 일찍 저 하늘에 보내고 어린 세 딸과 광야 같은 삶을 살아왔습니다. 그러다 79세에 치매 진단을 받고, 지금까지 치매 5년차로 요양병원에 계십니다. 젊어서 남편을 잃고 홀로 갖은 고생을 하면서 세 딸을 위해 일생을 바친 많은 눈물과 땀의 시간들입니다. 그러나 지금은 그 아픔과 괴로움을 저멀리 두고 행복한 병상 생활을 하는 엄마 점옥 씨의 이야기입니다.

부족하고 미련하고 가진 것 없는 저에게 엄마를 사랑하고 불쌍히 여기는 주님의 마음을 주셔서 치매를 통해 진심으로 엄마를 사랑하는 마음과 축복하는 마음 주심을 감사합니다. 엄마를 불쌍히 여기며 애처로운 마음을 가지고 더욱 기쁘게 밝고 행복함을 보너스로 주신 하나님께 한없는 감사를 드립니다.

언니네, 동생네, 친척분들 그리고 남편, 아들, 딸 모두 어머니와 할머니를 위해 시간과 정성을 다해서 섬겨주셔서 고마워요.

우리가 알거니와 하나님을 사랑하는 자 곧 그의 뜻대로 부르심을 입은 자들에게는 모든 것이 합력하여 선을 이루느니라(로마서 8: 28).

둘째 딸 **유주영**

차례

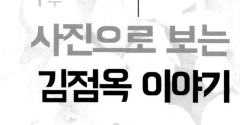

1부

사진으로 보는
김점옥 이야기

결혼해서 30세까지의 가족 이야기

아버지 유대석(25)과 어머니 김점옥(20)은 외가집
(친정)에서 일가친척을 모시고 정성껏 혼례식을 올
렸습니다.

어머니가 3남 3녀의 만딸이었고 몸도 아파서 친정
어머니께서 결혼식 신경을 많이 써 줬다고 점옥 엄
마는 고백합니다.

결혼해서 아버지와 십년을 함께 화목한 가정을 이루
었습니다.

점옥 엄마는 딸 셋을 낳았고 아버지는 급성간염(황
달)으로 세상을 떠나셨습니다.

▲ 아버지 유대석(25), 어머니 김점옥(20). 외가집(친정)에서 혼례를 올렸습니다

◀ 처녀 때 모습

잘 생긴 아버지▶

잘 생기시고 키가 크신 아버지는
아주 자상하시고 인품이 좋으셨
습니다. 정도 많으시고 친척분들
과 가깝게 잘 지내셨다고 합니다.
큰 딸이 국민학교 때에는 아침마
다 자전거로 학교에 데려다 주셨
습니다. 아버지는 부지런하셨고
그때 당시 운전면허도 있으셨고,
기술도 아주 좋았다고 합니다. 술
을 즐기셨던 아버지는 급성간염
으로(40) 일찍 세상을 떠나셨습
니다.

▲ 30대의 어머니는 남편을 먼저 하늘나라에 보내고 한 가정의 가장으로서 억척스러운 삶을 살기 시작했습니다

▲ 점옥 엄마의 친정어머니 60대 환갑잔치에 가족이 모두 모임. 친정어머니의 사랑과 관심을 많이 받았고 큰 힘이 되셨습니다.

2

40대 때의 가족 이야기

점옥 엄마는 남편이 돌아가시고 아버지가 운영하셨던 한국타이어 대리점을 이어 받아서 사업을 잘 이끌어 갔습니다. 자상하고 요리솜씨가 좋았던 외할머께서 저희집에 자주 오셔서 점옥 엄마를 물심양면으로 도와주셨습니다.

맏딸인 점옥 엄마는 여행가실때 친정어머니를 꼭 모시고 갔습니다.

엄마의 부지런함과 친정어머니의 도움으로 사업은 번창하고 딸들은 무럭무럭 잘 커갔습니다.

▲ 외할머니를 모시고 여행, 외할머니와 여행을 가서도 두 손을 꼭 잡고 있는 다정한 모습

▲ 외할머니와 자주 여행을 다니셨던 기둥같은 맏딸 어머니. 행복해 보이는 모습

점옥 엄마는 원래 오빠가 둘이고 남동생이
하나였는데 6.25 전쟁 중에 오빠 둘을 잃었
고 남동생을 엄마처럼 잘 돌봐주었습니다.

40대에 엄마는 경제적으로 안정이 되었습니
다. 엄마는 활동적이었고 성격도 좋아서 주
변에 친구들이 많았습니다. 엄마는 다리가
좀 불편해도 달리기도 잘하시고 모든 면에서
적극적이었습니다. 딸 셋은 학교에서 성실
하고 열정이 있어 반장, 회장 등 임원을 많이
했습니다.

저는 학교다닐 때 자랑스러운 엄마를 보면서
아버지가 안 계셔도 기죽지 않고 꿋꿋하게
학교생활을 잘했습니다.

▲ 외삼촌(김봉수)의 대학교 졸업식에서

▲ 남동생 봉수와 함께

▲ 막내딸 결혼식 때 외삼촌(김봉수)과 함께

▲ 친정어머니를 끔찍이 아끼셨던 어머니~^^

▲ 40대 어머니

▲ 40대 초반의 어머니

▲ 제주도 갈대밭에서 찍은 모습

▲ 활동적이라 친구가 많은 우리 엄마, 최고!

소녀같이 예쁜 모습 ▶

3

50대 때의 가족 이야기

점옥 엄마는 아버지의 사업을 번창시키고 돈을 모아서 영등포에 집을 샀습니다. 그리고 규모있는 생활을 하면서 은행에 적금을 하고 또 그것으로 목돈을 만들어 점점 경제적으로 안정이 되어 갔습니다.

엄마는 용기있게 하시던 일을 접고 봉천동에 한증막을 시작하게 되었습니다. 한증막 사업도 열심과 정직으로 해서 사업이 잘됐습니다.

종업원 12명을 두고 어머니는 저녁에 발바닥이 아플 정도로 열심히 하셨습니다. 한증막 사업을 하면서 딸셋을 모두 대학에 보내고, 결혼도 준비해 주셨습니다.

▲ 엄마가 한창 일할 때인 50대 중반의 안정된 모습

▲ 둘째 딸(주영)이 서울여대를 졸업하며 자랑스런 어머니와 함께

▲ 50대에 한증막 사업을 시작한 어머니

▲ 당당한 50대 후반

▲ 〈중국여행〉 여행을
좋아하셨던 어머니

▲ 60대 건강한 엄마 모습

▲ 제주도 여행

▲ 60대 인천대공원에서 손주와 함께!

▲ 대전에서 손주와 함께 박물관으로

4

60~70대 때의 가족 이야기

점옥 엄마는 60대 중반에 한증막을 정리하고 신림동
에 4층짜리 건물을 사 노후를 준비했습니다. 건물의
관리도 부지런한 엄마가 하시고 세금, 은행 문제는
사위와 딸들이 도왔습니다.

엄마는 이제 경제적으로 여유도 있고 안정되어 여행
도 다니시며 딸네집에 자주 오셨습니다.

점옥 엄마가 우리집에 오실 때 손주, 손녀의 용돈과
김치며 콩자반, 멸치조림 등 밑반찬도 싸오시고, 항
상 풍성하게 베풀고 가셨습니다.

◀ 당당하고 멋지신 60대 후반의
자랑스러운 어머니!

▲ 엄마랑 제주도 여행에서

▲ 60대 제주도에서　　▲ 어느 한가한 날 안방에서 미소 가득

▲ 60대 후반까지 무거운 깍두기 김치를 들고서 둘째 딸집에 놀러 오셨다. 빈손으로는 딸네 집에 오시지 않았습니다

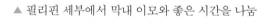

▲ 필리핀 세부에서 막내 이모와 좋은 시간을 나눔

5

70~80세 때의 가족 이야기

엄마는 칠십대 중반까지 건강했습니다. 매일 노인정을 다니시고, 친구들과 영등포에서 모임도 하시며 자기주도적 삶을 열심히 사셨습니다. 손녀딸의 대학이 할머니집에서 가까워서 1년 동안 함께 살았습니다. 손녀딸 아침밥도 해주시고, 빨래, 청소도 해주시고, 아주 정정하셨습니다. 그다지 큰 병없이 건강하게 잘 지내셨습니다.

엄마가 가지고 있는 지병 중에 허리협착증과 퇴행성 관절염으로 정형외과를 종종 다녔습니다. 75세 이후 노화되면서 다리에 힘이 약해져 계단에서 넘어져서 타박상을 입어 병원에 다니면서 물리치료도 받고 한의원에서 약도 지어드시곤 했습니다. 70대 후반이 되자 엄마의 혈색이 점점 안 좋아지기 시작했습니다.

6

80세에서 현재까지의 가족 이야기

79세에 치매 3등급 진단을 받고 엄마는 약 1년 정도는 재가요양서비스를 받았습니다. 80세에 계단에서 낙상하여 골반 골절로 침상에서만 생활하다가 좋은 병원을 만나서 도수치료와 병원 프로그램을 하며 날마다 재밌게 잘 지내십니다.

어머니의 50여 년 동안 홀로 짊어졌던 모든 것을 내려놓고 병원에서 따뜻한 식사와 간병인 여사님의 따뜻한 도움을 받아서 얼굴색이 전보다 더 환해지셨습니다. 지방에 사는 멀리 있는 딸들도 자주 오고 오랜만에 친척들도 만나게 되었습니다.

무엇보다도 어머니가 81세에 예수님을 영접하고 세례를 받는 성도가 되셨음에 감사드립니다. 병원의 신관에 있는 꽃밭으로 자주 산책을 나갑니다. 예쁜꽃을 직접 만지며 웃고 기뻐하는 엄마의 행복한 모습을 느낄 수 있어 감사합니다. 또한 엄마가 열심히 병원 예배에 참석해서 83세에는 집사 직분도 받으셨습니다. 정말 놀라운 일이였죠. 모든 것이 주님의 은총이라고 고백합니다.

▲ 2016년 가은병원에 오신 지 얼마 안 됐을때 프로그램에 적극적으로 참여. 음악치료 시간에 자상한 선생님의 지도를 받으며 한곡조

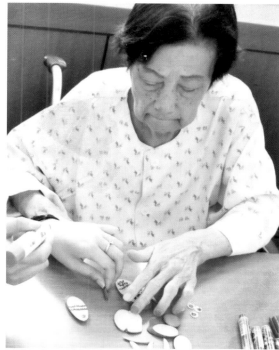

▶ 어머니는 손재주가 뛰어났습니다. 손끝의 힘이 좋아서 뚝딱뚝딱 잘 고치고 만들기도 잘 하셨습니다

▲ 2018년 어버이날 행사 프로그램에 참여하여 열심히 활동하심^^
엄마는 유독 가위질을 잘하셔서 선생님께 칭찬을 많이 받았습니다

▲ 2016년 엄마와 함께 원예치료에서 즐거운 시간

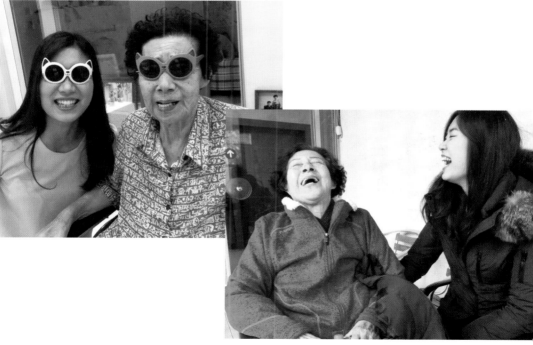

2부

점옥 엄마의
치매 일기

1장

아찔하고
준비되지 않은
괴로운 봄날

(79세 점옥 씨의 치매진단)

시편 42편 11절

내 영혼아 네가 어찌하여 낙심하며 어찌하여 내 속에서 불안해 하는가 너는 하나님께 소망을 두라 나는 그가 나타나 도우심으로 말미암아 내 하나님을 여전히 찬송하리로다.

🌸 마른 하늘의 날벼락

점옥 엄마는 79세 되던 2014년 6월에 3급 치매 진단을 받았습니다. 당시 건강보험공단에서 장기요양보험 3급 진단을 받기까지 참으로 머리가 복잡하고 힘들었습니다. 이 진단 등급을 받아야 요양보호사가 집에 와서 엄마를 보호해주고, 그래서 관리를 해줘야 엄마의 건강 유지가 가능했던 것입니다.

엄마가 당시에는 잠시 기억력이 있다가, 정신이 온전했다가도 기억력이 사라져 방금 했던 일들을 기억하지 못할 때는 엄마가 일부러 딸에게 장난을 거는 것처럼 착각할 때가 있었습니다. 보건소에서 치매 문답 검사를 했을 때 점수가 40이 나왔습니다. 보라매 병원에서 MRI를 찍고, 심리상담 검사, 인지기능 검사 그리고 사회복지사가 와서 실제생활에 가능 여부를 확인하는 생활능력의 인지도 검사 등을 했습니다. 장기요양 치매 3등급 진단으로 장기요양 보호서비스를 받게 되어서 걱정은 조금 덜었지만 열 남자 부러워하지 않는 대장부 같은 우리 엄마가 본격적인 공인된 치매 환자가 되었습니다.

♡ 도움말

65세 이상은 가까운 지역 보건소에서 무료 문답검사로 치매 여부를 알 수 있어요. 노인요양 인정 점수 45점 이상 50점 미만 치매환자를 입증하는 의견서와 의사 소견서 제출과 치매 진단 관련 서류, MRI 촬영을 첨부해서 국민건강보험공단에 등급신청을 하면 등급심의를 거쳐서 장기요양보호서비스를 받을 수 있습니다.

🌸 사위가 내 돈 60만 원 가져갔다

엄마는 안방에 있는 금고에 많이 예민했습니다. 금고에는 은행통장, 집문서, 도장, 현금, 장신구, 문서 등 중요한 것들이 보관되어 있었습니다. 엄마의 일상 중에 하나가 금고를 열어 적금통장 만기 날짜를 확인하거나 현금이 얼마 정도 있나 확인하는 습관이 몸에 베어 있습니다.

아마 이런 행동은 엄마의 삶에 활력소가 되고 즐거움과 안정을 준 것 같습니다. 둘째 사위인 남편은 회사가 강남에 있어서 엄마 집에서 멀지 않아 시간 날 때마다 찾아 가곤 하였습니다.

눈이 아주 많이 오고 강추위가 몰려든 1월 어느 날 남편은 엄마가 좋아하시는 KFC 프라이드치킨을 사가지고 엄마를 만나기 위해 봉천동에 들렀습니다. 그때는 치매 초기라 어느 정도 인지 기능이 있어서 사위를 반갑게 맞아주며 생활에 불편함도 얘기하며 좋은 시간을 보냈습니다. 엄마는 정이 많아서 가는 사람을 빈손으로 보내지 않는 마음이 따뜻한 사람입니다. 냉장고에 있는 먹을거리도 주고 날씨도 이렇게 추운데 와줘서 고맙다 하며 차비도 주었답니다.

엄마와 헤어진 지 채 10분도 안 되어서 전화가 왔습니다. "준근이

아빠, 서랍에 있는 돈이 없어졌네. 바쁘지만 다시 좀 와주게." 착한 남편은 서울대역 지하철 앞에서 다시 엄마 집으로 달려갔습니다. 날씨가 얼마나 추운지 눈이 내려서 길이 꽁꽁 얼었고, 바람이 세차게 불어서 길바닥이 너무 미끄러워 힘들었지만 걸음을 돌려서 엄마 집으로 달려 갔습니다.

엄마와 함께 안방 세간살이를 여기저기 뒤지고 살폈습니다. 마침내 잃어버린 60만 원은 엄마 금고 밑에 하얀 봉투에 따로 보관해 놓았던 것이죠. 엄마는 잃어버렸던 그 돈이 고스란히 제 자리에 있었던 것을 확인하고 안심하시며 "아이고 준근이 아빠 미안하네. 내가 바쁜 사람 너무 고생 시키네 미안하네"라고 말했습니다.

♡ 도움말

치매 증상의 하나가 의심하는 증세가 있어요. 본인이 잘 숨겨 놓고 정리했는데 기억력이 없어서 찾지 못해서 가까운 사람을 의심한답니다. 그래서 치매 환자에게는 함부로 물건을 옮긴다든지 얘기하지 않고 물건을 치우면 곤혹스러운 일이 생긴답니다.

치매 환자에게는 환경을 자주 바꾸는 일은 혼란스럽고 불안감을 가져 온답니다. 환경을 자주 바꾸지 마세요. 관리와 보호가 힘들다고 큰집에 한 달 있고 둘째 집에 한 달 있고, 이렇게 환경을 바꾸며 돌봐주는 것은 불안 증세를 가져올 수 있습니다.

애지중지 집 열쇠 분실 사건

엄마가 사는 건물 이층에는 표구사가 있습니다. 어느 날 표구사 사모님한테 전화가 왔습니다. 엄마가 집 열쇠를 분실해서 난리가 났다고 합니다. 저는 인천에 살고 엄마 집은 서울 봉천동이라 지하철을 타고 가면 약 한 시간 20분 쯤 걸립니다. 엄마 집은 3층 건물인데 지하실과 1층, 2층은 임대를 하고 3층에 엄마의 살림집이 있습니다.

엄마 살림집은 3층 계단 셔터 문 열쇠와 현관문을 열 수 있는 열쇠 두 개가 있습니다. 이 세 개 열쇠 꾸러미가 있어야 엄마 집 문을 열 수 있습니다. 이 열쇠가 분명히 가방에 있었는데 아무리 찾아도 없다는 것입니다. 구석구석 찾아봐도 열쇠는 나오지 않았습니다. 결국은 이층 사모님이 남편한테 연락을 해서 열쇠 만드는 집에서 남편이 가지고 있는 비상 열쇠를 복사해서 마침내 집으로 들어갔습니다. 그때 이후로 엄마는 더욱 집 열쇠에 집착하고 노이로제가 걸려서 신경쇠약에 가까울 정도로 집 열쇠를 확인하고 또 확인하며 불안해하여 아주 힘들었습니다.

♡ 도움말

치매 대상자는 기억력이 많이 떨어져서 집 열쇠는 여유 있게 복사해 두세요.
당신이 자주 입는 옷 속에 주머니를 만들어 그 속에 중요한 물건을 넣고 다니는 습관을 반복 하세요.
열쇠를 분실해도 복사본이 있으니 걱정하지 않게 안심을 시켜 주세요.
누구나 실수할 수 있다고 이해해 주고 야단치지 마세요.

🌸 양파, 사오고 또 사오고, 계속 사오네요

점옥 엄마의 취미는 시간이 나면 시장에 가는 겁니다. 젊었을 때부터 집에 떨어지면 안 되는 것 세 가지가 있습니다. 첫째는 소금, 둘째는 연탄, 셋째는 쌀입니다. 이 세 가지는 항상 미리 미리 준비해 놓는 생활필수품입니다.

지금 생각해 봐도 우리 딸자식들에게는 항상 따뜻한 밥과 엄마가 손수 만든 맛있는 김치가 냉장고에 있었고, 밑반찬도 항상 준비되어 있어 밥을 한 번도 거른 적이 없습니다. 그리고 추운데서 자본적이 한 번도 없었습니다.

점옥 엄마의 이런 유비무한 정신이 있었기에 우리 딸 셋은 키가 비교적 큰 편이고 건강한 신체를 가졌습니다. 치매 진단을 받기 전에도 엄마의 행동에는 실수가 많았습니다. 귤을 사오면 잊어 먹고 또 사오고, 깨소금이 있는데 또 사오고, 고구마 튀김을 사서 냉동실에 쌓아두는 등. 양파를 사오고 다시 사왔습니다.

제가 우연히 엄마의 집 옥상 계단 위에 올라가 보니 양파가 5망이나 있었습니다. 엄마는 "내가 정신이 없어 미쳤어 미쳤어 이게 웬일이니" 하면서 미안해 하셨습니다. 엄마가 기억력이 떨어져서 자기도 모르게 사오고 또 사오는 행동이 생겼답니다.

♡도움말

치매 환자의 행동에는 잠재의식 속의 생각이나 습관이 모두 나옵니다. 자신의 관심 분야에 대한 물건에 집착해서 모으고 또 모으는 행동이 나타납니다. 야단을 치거나 화를 내면 안됩니다.

혼자 시장을 보는 것보다 가족이 함께 가서 부모님의 취향이나 관심사를 알아두세요.

부모님이 자주 가시는 시장이나 슈퍼나 약국에 가서 부모님의 치매 사실을 알려 주세요. 도움이 될 것입니다.

🌸 돈 계산을 잘 못합니다

　점옥 엄마는 가방끈이 짧습니다. 일제강점기를 지냈고, 6.25 전쟁을 겪은 세대라 시대 상황이 안 좋았습니다. 초등학교를 졸업하지 못해서 엄마는 많이 안타까워했습니다. 어렸을 때 삼남 삼녀의 장녀였기에 힘든 일과 엄마의 손이 필요한 곳이 많아서 거친 일을 많이 했습니다.

　외할머니가 가게를 하셨는데 엄마는 어릴 때부터 할머니를 도와서 장사를 잘했습니다. 장사를 하다 보니 자연히 돈 계산이 필요했는데 엄마는 산수와 셈하는 데는 감각이 있었습니다. 결혼을 해서도 아버지랑 젊은 시절에 냉차도 팔고, 과자가게도 하고, 아버지가 돌아가신 후에는 한국타이어 대리점도 하고, 한증막도 운영하셨습니다. 여사장

으로서 추진력도 있으시고, 영업력도 좋아서 사업수단이 아주 뛰어났습니다.

치매 증상이 있은 후에는 시장에서 물건을 사신 후에 돈 계산을 잘 못해서 집에 와서는 이상하다 돈이 없어진 것 같다. 분명히 오만 원 짜리가 두 장 있었는데 돈이 없어졌네, 하면서 속상해 하셨습니다. 나는 엄마가 다니시는 단골 야채가게를 알기에 엄마와 함께 갔습니다. 양심적인 야채가게 사장님이 어머니가 돈을 너무 많이 주시고 잔돈을 안가지고 가셨다고 하며 솔직하게 잔돈을 돌려 주셨습니다.

정말 고마웠습니다.

♡ 도움말

부모님이 잘 가시는 시장이나 슈퍼 약국 등에 가서 현재 부모님의 치매 상태를 알려 주세요.
부모님이 간혹 실수하거나 고집을 피우더라도 끝까지 잘 들어주고 야단치시면 안 됩니다.
동네 사람들에게 부모님의 상태에 대해서 정보를 수집해 놓으세요.
메모를 해서 필요한 만큼 장보기를 부모님과 함께 해 주세요.

✿ 변비약 설사약을 사오고 또 사 오네요

　점옥 엄마는 원래 변비가 있었습니다. 과민성 변비라고 합니다. 한 번 외출하려면 시간이 많이 걸린답니다. 외출하기 전에 반드시 화장실에서 볼일 보고, 가방에 휴지는 필수품입니다. 왜냐하면 혹시 나가서 실수할까봐 항상 가방에 휴지가 있습니다. 육류를 좋아하시고 과일을 좋아했지만 심리적으로 예민해 있습니다. 알츠하이머 치매의 가장 두드러진 특징은 현저하게 기억력 저하가 나타나는 것입니다. 알츠하이머 치매는 초기에 발견하면 약을 먹어서 서서히 진행될 수 있습니다. 치매 초기에는 기억력 저하가 나타나고 언어능력이 떨어지고, 중기 이후에는 시공간 능력의 저하가 두드러집니다.

　엄마가 초기에는 심각한 최근 기억력 저하 때문에 본인의 건강을 챙기기 위해 약을 이것저것 복용한 것이 있습니다. 어느 날 저는 약통을 정리하다가 깜짝 놀랐습니다. 김치 냉장고에 있는 변비약과 설사약이 가득 쌓여있던 것입니다. 변비 현상이 있으면 약국에서 설사약을 사고 그것을 복용하다 보면 설사 증세가 나타나는 것입니다. 이런 현상들이 계속 생기니 변비약과 설사약이 쌓이는 것입니다.

나는 약봉투를 들고 엄마의 단골 약국에 가서 약사한테 상담을 했습니다. "엄마한테 이렇게 약을 많이 주시면 어떡합니까." 약사는 엄마가 너무 집요하게 사정을 해서 어쩔 수가 없었다고 하더군요. 그런데 엄마의 변비 투쟁은 지금도 마찬가지입니다.

병원에서 가장 힘든 것 중에 하나가 화장실 가는 문제입니다. 엄마는 툭하면 "똥 마려, 오줌 마려, 화장실 가야 되는데…" 엄마가 골반골절로 두 다리 보행이 안 되기 때문에 화장실에 가는 것은 참으로 여러 가지 절차가 있습니다. 엄마를 침대에서 내려서 휠체어에 앉히고 화장실로 이동해 다시 변기로 옮기고, 뒷처리를 하고 다시 휠체어로 침상에 옮겨야 합니다. 이런 과정이 하루에 열번 이상 하는 경우도 있었고, 아주 심할 때는 수 십 차례 이런 과정을 거쳐서 화장실에 가기 때문에 정말 힘들었답니다.

♡ 도움말

치매 환자는 불안의 증세가 있습니다. 치매 대상자마다 불안증세가 다르게 나타납니다. 대소변 문제에 예민하게 나타나는 경우도 있고, 기저귀를 찢는 경우도 있고, 소리를 지르는 경우도 있습니다.
노화가 오면 생리적으로 운동량이 부족해서 변비가 올 수 있고, 순환이 잘 안 됩니다.
노화로 치아가 부실해져서 섬유질이 있는 질긴 음식을 멀리함으로 변비가 올 수 있습니다. 식사 때마다 물김치나 나박김치, 동치미를 챙겨 주세요.
용변을 잘 보고 난 후에는 '아기처럼 예쁜 똥이네요' 하면서 칭찬해 주세요.
용변을 눈으로 확인시켜 주세요. 당신의 용변을 보고 불안감이 줄어들고 안정감을 가질 수 있답니다.

🌸 치매약을 빠뜨리고 드세요

엄마가 치매 진단을 받았지만 다행히 초기 치매이기에 약이 많지 않았습니다. 보라매병원에서 치료를 받았는데 처음에는 한 달에 한 번씩 다녔습니다. 요양보호사가 집에 와서 식사를 챙겨주셔서 엄마 건강이 많이 좋아지는 것을 느끼게 되었습니다.

치매 환자들은 불안증과 우울증이 동반되어 오는 경우가 있습니다. 그런데 엄마가 처음에는 약을 잘 드시다가 몇 개월 지나고 난 뒤에는 약을 잘 안드셨습니다.

저는 병원에서 받은 약들을 달력에다 날짜 위에 하나씩 붙여놓고 왔습니다. 일주일 후에 제가 가서 달력을 보면 약들이 그냥 달력에 붙어 있는 경우가 있었습니다. 반쯤 드시고 반쯤은 그냥 달력에 붙어있는 겁니다. 요양보호사에게 부탁하고 제가 전화로 챙겨서 약을 드시게끔 했습니다. 초기에 1년동안 약을 잘 복용하시면서 기분이나 우울하고 불안한 감정도 조절이 되고 인지기능도 어느 정도 유지가 되었습니다.

♡ 도움말

약을 잘 드시게 달력에 하나씩 붙여 놓으세요. 전화로 챙기시고 간병인에게 부탁해서 꼭 꾸준히 약을 복용할 수 있게 신경 써 주세요.
치매약은 아세티콜린이라는 신경전달 물질을 높여줘서 뇌에 쌓여가는 독성 물질인 베타아밀로이드를 치워주는 역할을 한답니다.
치매약을 꾸준히 복용해서 다음과 같은 행동과 양상을 조절할 수 있습니다.
(1. 환상 2. 망각 3. 우울증 4. 불면증 5. 충동성 6. 공격성 7. 의심증)
알츠하이머 - 대외피질에 아밀로이드반과 신경섬유다발이 축적되어 뇌손상이 옴. 아세틸콜린, 도파민, 세레토닌, 노프에피네프 등 인간의 정신과 행동조절에 중요한 뇌신경전달물질 결핍이 나타납니다

🌸 주변 사람들에게 공격적으로 대해요

엄마가 치매 진단을 받기 전에 주변 사람을 불편하게 해서 제가 곤란한 때가 있었습니다. 엄마는 당신의 건강을 잘 챙기셨고 봄, 가을에 한 번씩 한약도 챙겨 드시곤 했습니다.

다리에 힘이 없고 기운이 없어 자꾸 누울 자리만 보인다며 저에게 한의원에 가자고 전화를 하셨습니다. 엄마가 다니시는 한의원에서 진맥을 받고 한약을 지었습니다. 나이가 80이 다되어서 기혈순환과 입맛을 회복하는 약과 무릎관절에 좋은 여러 약재를 넣어 달라고 부탁을 해서 한약을 드셨습니다. 그런데 한약을 먹고 약간의 복통과 설사를 했습니다. 예전의 엄마였더라면 그 증상을 가라앉히고 참을성 있게 약에 대해 이해를 했을 겁니다. 엄마가 치매 전부터 유난히 예민해지고 사소한 일에도 화를 벌컥 내면서 신경질적이었습니다.

한의사 선생님한테 가서 화를 내시고 무작정 환불해 달라면서 고집을 부렸습니다. 의사 선생님은 저에게 엄마가 많이 예민해지시고 감정조절이 잘 안 되는 것 같다고 하시며 병원에 가보라고 했습니다. 엄마도 자신도 모르게 화가 나고 예민해지는 것을 감당하기 힘들어

했습니다. 그리고 엄마는 자주 만나는 둘째 딸에게 화를 자주 내기도
하고 이유 없이 고집을 부리는 경우가 종종 있었습니다

♡ 도움말

평소에 부모님의 행동을 잘 관찰하세요
유별나게 분노와 짜증을 낸다든지 고집을 내세우든지 화를 자주 내면 정신
건강의학과 진료를 받아보세요
치매 대상의 심각한 공격성은 의사와 상담해서 약을 복용하면 많이 완화될
수 있습니다.

엄마는 걱정이 참 많아요

혼자 사는 엄마는 매사에 걱정이 많았습니다. 힘든 생계를 꾸려가는 가장이었기에 경제적 책임감이 항상 많았습니다. 우리 보통사람들도 수시로 걱정을 합니다. 대부분 사람들은 40%는 걱정하지 않아도 될 것을 걱정하고, 30%는 지나간 것을 22%는 사소한 것을, 4%는 바꿀 수 없는 것들을 걱정한답니다. 즉 96%는 습관처럼 쓸데없는 걱정들을 한답니다.

우리 엄마의 걱정거리는 딸자식들이 건강하게 아프지 않고 자기 앞길을 자신감 있게 살아가는 것이었습니다. 아버지가 안 계셨기에 집안의 배경이 없어서 나중에 결혼할때 책 잡힐 거리가 되지 않을까 걱정을 많이 하셨습니다.

그 다음에는 먹을 것, 입을 것, 굶기지 않고 잘 먹이는 것, 학교 보내는 것 등 늘 자식을 위해 걱정하며 사셨습니다.

제가 어렸을 때에는 학교 갔다 오면 부엌에는 늘 간식거리가 있었습니다. 집에는 찐 고구마와 감자, 약밥, 만두 등 먹을거리가 참 많았습니다.

　사람이 쓸데없는 걱정을 많이 하게 되면 몸에는 나쁜 호르몬이 나온답니다. 코티졸이라는 스트레스 호르몬이 나와서 우리 몸을 우울하게 짜증나게 피곤하게 만듭니다.

　엄마의 치매 원인 중 하나는 아마 50여 년 동안 혼자서 가족을 부양하고 책임져야 하는 습관적인 근심이었고, 이것은 엄마를 힘들게 했던 것 같습니다.

도움말

걱정과 근심을 내려놓는 연습을 하세요
낙천적이고 긍정적 마음으로 세상을 바라보도록 시각을 바꿔보세요
혼자 고민하지 말고 대화를 통해 나누는 마음 훈련을 해 보세요

세차고 가슴
아픈 무거운
봄날

(점옥 씨의 80세)

시편 23편 4절
내가 사망의 음침한 골짜기로 다닐지라도 해를 두려하지 않을 것은 주께서 나와 함께 하심이라 주의 지팡이와 막대기가 나를 안위하시나이다.

🌸 외출 거부, 운동 거부

점옥 엄마는 참으로 부지런했습니다. 남편이 일찍 돌아가신 후에 남편이 운영했던 타이어 판매점과 차고를 운영했습니다. 새벽 4시 반에 일어나서 5시에는 가게 문을 열었습니다. 가게 앞마당을 대빗자루로 깨끗이 쓸고, 물도 뿌리고, 가게 앞을 운동장처럼 만들었답니다.

60대 중반까지는 한증막을 운영하시고, 그 이후에는 매일 아침 5시 반이면 일어나서 6시에 식사하시고 7시에는 집을 나가 관악산을 날마다 등산을 하셨습니다. 관악산에서 여러 친구들과 점심을 잔치국수로 함께 맛있게 드시고, 배드민턴도 잘 치셨습니다. 그리고 맷돌 체조도 배워서 아주 건강관리를 잘 하셨답니다.

70세 때는 척추관협착증이 와서 다리도 아프고 무릎도 아파서 고생을 많이 했습니다. 허리가 아파서 그 신경이 다리까지 와서 퇴행성 관절염으로 고통이 심했답니다. 그래도 점옥 엄마는 부지런한 습관이 몸에 배어서 활동적이었습니다.

치매가 오면서 걸음 걸이가 이상하게 바뀌었습니다. 엄마는 걸을 때 성큼성큼 사나이 걸음처럼 빠르게 걸었습니다. 그런데 치매 증세가 나타나는 후에는 종종종 아기 걸음으로 바뀌게 되었답니다. 치매 초기 80세가 되면서 기억력도 점점 약해지고 다리 힘도 약해지면서 노인정 가는 것도 귀찮아 하셨습니다. 그러면서 자연적으로 외출하기를 꺼려 했습니다. 하루 종일 텔레비전을 켜놓고 소파에 앉아서 텔레비전을 보던가 가끔은 거실창 밖으로 사람들이 오고 가는 것을 구경하면서 바깥에 나가는 것을 꺼려 했습니다. 그리고 힘이 들면 안방에 누워서 잠깐 주무시던가 그러다 보니 엄마의 다리 근력이 현저하게 떨어지고 다리가 점점 가늘어지기 시작했습니다.

♡ 도움말

'누우면 죽고 걸으면 산다' 구호를 외치세요.
날씨 좋은 날은 햇빛을 보여주고 가벼운 산책을 하도록 노력해 보세요.
옥상이나 햇빛 좋은 곳에서 박수도 치고 노래를 불러 보세요. 집에 있는 것보다. 산책의 좋은 점을 이야기해 주세요.

🌸 입맛이 자꾸 떨어지네요

　점옥 엄마는 일생에 끼니를 거른 적이 한 번도 없다는 것 같습니다. 워낙 먹성이 좋은 엄마는 하루 새끼를 꼭 챙겨 드셨습니다. 아침에는 잡곡밥에 가자미나 조기 등 생선은 거의 빠지지 않았고, 미역국, 된장국, 사골국 등 맑은 국물을 좋아하셨습니다. 엄마의 밥그릇은 장성한 남자의 밥그릇처럼 크고 깊었습니다. 보통 여성들의 공기밥 2인분 정도의 커다란 밥그릇이었습니다. 사골국은 일 년에 봄이나 가을에 큰 찜통에 정성을 들여서 아주 진하고 고소하게 우려내어 만들었습니다. 항상 엄마의 냉동실에는 사골국이 준비되어 있었습니다.

　엄마의 별명이 밥순이라고 불릴 정도로 정말 밥을 좋아하셨습니다. 그리고 멸치, 김, 마늘 등 밑반찬은 항상 준비되어 있었고, 물김치는 매끼니마다 꼭 드셨습니다 엄마가 좋아하는 간식은 고구마튀김, 부추, 호박 부침개를 정말 좋아 하셨답니다. 이렇게 먹성 좋은 엄마가 먹는 것에 관심이 없어지기 시작했습니다.

　밥의 양도 많이 줄어들었고, 국을 좋아 하셨는데 언제부턴가 물 말아서 개운하게 먹는 걸 좋아하셨습니다. 한동안은 마늘만 드시고, 다른 반찬은 거절하셨습니다. 이렇게 편식을 하고 식사량이 줄어들면서

엄마의 몸무게가 점차적으로 빠져서 60kg에서 52kg으로 줄어들었답
니다.

요리할 때 부모님도 동참하여 요리할 기회를 주세요.
요리할 때 재료 다듬기를 나눠주세요. 마늘까기, 파 정리하기, 미나리 다듬
기, 양파 껍질 벗기기 등 재료 손질하는 것을 부탁해 보세요.
물김치를 담가 보세요. 오이, 무, 배추 썰기.

🌸 꽃단장하는 것을 싫어해요

　점옥 엄마는 예쁘기보다는 잘 생겼다고 합니다. 얼굴도 작고 이목구비가 또렷하고 반듯하게 생겼습니다. 혼자 사는 과부라 주위 사람을 의식한 탓인지 화장은 가볍게 하셨습니다. 그리고 목욕 하는 것을 좋아하시고 항상 정갈하게 하고 다니셨습니다. 화장품이 기초화장품인 스킨, 로션, 영양크림 세 가지가 전부였고, 미제 화운데이션을 바르면 꽃단장은 끝입니다. 엄마는 외출하기 전에 꼭 거울을 보는 습관이 있었습니다. 마치 누구를 검색하는 것처럼 머리에서 발끝까지 거울을 보고, 어디에 흐트러진 모습이 있나 확인하고 집을 나갔습니다. 아침에 일어나면 항상 양치질과 세수를 하고 머리에 물을 발라서 틀어진 머리 모양을 바로 잡고, 깔끔하게 단장을 했습니다. 이런 점옥 엄마가 치매에 걸리면서 거울보기를 싫어 하셨습니다. 아침에 일어나서 세수하는 것도 귀찮아했고, 저녁에는 아예 씻지도 않고 주무셨다 합니다. 거울을 보면서 '이제 많이 늙었어. 한 물 갔어'라며 보잘 것 없는 당신의 형상을 보기 싫어했습니다

　나는 일주일에 한번은 엄마랑 목욕을 갔었습니다. 목욕은 엄마가 좋아하는 취미 활동 중에 하나입니다. 따뜻한 물에 들어가 푹 잠겨서

피곤함을 달랬습니다. 예전에 비해 몸이 많이 야위어갔습니다. 운동량이 적어지면서 근육도 많이 빠져 나가서 아기살처럼 살이 말랑말랑해졌습니다. 엄마의 야윈 모습을 보면서 마음이 무척 아프고 속상했습니다.

♡ 도움말

몸 씻기는 건강유지 비결입니다. 일주일에 한번은 온몸 목욕을 해 주세요.
목욕할 때는 강제로 시키기보다는 기분을 잘 헤아려서 즐거울 때 컨디션이 좋을 때 목욕을 시켜 주세요.
목욕할 때는 부모님이 스스로 할 수 있도록 조금만 도와주세요. 머리를 혼자서 한번 감아볼 수 있도록 지켜봐 주시고. 샤워 타올에 비누를 묻혀서 스스로 몸을 씻게 해 보세요.
목욕 후에는 수분 섭취와 바디로션을 발라주세요 목욕을 한 후에는 거울을 보고 예뻐졌다고 칭찬해 주세요.

🌸 두 얼굴의 간병인

치매 3등급 진단을 받고 장기요양서비스를 받게 되었습니다.

엄마를 형님이라고 부르며 진단등급이 나오면 자기를 꼭 써달라고 저한테 간곡하게 부탁하신 간병인 아주머니가 있었습니다. 저는 센터에 직접 방문해서 그 아주머니를 위탁해서 일주일의 20시간을 사용하기로 계약을 했습니다.

월요일에서 금요일까지 매일 네 시간씩 엄마에게 필요한 서비스를 제공받기로 했습니다. 9시에 방문을 해서 엄마의 반찬과 밥을 준비해 주시고, 점심까지 식탁에 드시도록 준비해 놓고 퇴근하는 일정으로 계약을 했습니다.

그리고 말동무도 해주고, 간단한 청소 등을 서비스 받기로 했습니다. 처음에 간병인 아줌마는 시간도 잘 지키고, 반찬도 챙겨줬습니다. 정말 고마운 마음이 들었습니다. 저는 토요일에 가서 반찬에 필요한 식재료를 시장에서 사서 냉장고에 준비해 주었습니다. 그리고 엄마가 좋아하는 식단을 짜서 간병인 아주머니께 식단 메뉴와 고맙다는 편지도 써놓고 왔습니다.

그런데 점차 시간이 지날수록 간병인 아주머니는 그야말로 눈 가리고 야옹처럼 성의 없이 서비스를 하고 갔답니다. 국도 냄비에 한바가지 만큼 끓여서 냉장고에 넣어 두시고, 반찬도 똑같은 반찬만 했습니다. 한 시까지 서비스 시간인데 열두 시에 일찍 퇴근하는 경우도 있었답니다. 저는 '믿는 도끼에 발등 찍혔다' 하는 말처럼 엄마랑 친분도 있고 믿을만한 분이라고 생각했는데 정말 실망감이 들었습니다. 엄마가 인심도 좋고 남을 배려하는 성품이기에 아줌마가 사정이 있어서 조금 일찍 간다 하면 다 허락해 주었던 것입니다. 치매환자를 혼자 있게 한 저희 딸들의 잘못도 크지만, 기억력이 없고 연약한 치매 환자에게 정직하지 못한 행동을 보여준 간병인 아주머니는 정말 나쁜 사람이었다는 생각이 들었습니다. 나중에 알게 된 사실이지만 그 간병인 아주머니는 행동에 비리가 드러나고 결국엔 공단에서 감사가 나와서 퇴사 시켰다고 들었습니다.

♡ 도움말

혼자 사시는 치매 환자에게 재가서비스는 바람직하지 않습니다.
재가서비스를 받으려면 직접 센터에 가서 서비스 받을 간병인을 보시고, 부모님을 맡길 만한 적합한 사람인지 확인하셔야 합니다. 간병인한테 전달할 상황이나 궁금한 사항이 있으면 즉시 센터에 전화하시고 메모를 남겨 주세요. 무조건 간병인, 요양보호사만 믿고 맡기시면 안 됩니다.

🌸 화장실 계단에서 넘어져 골반 골절

　엄마는 머리가 흩어진 꼴을 못 견뎌 했습니다. 그리고 머리가 어느 정도 선이 넘어서 눈썹을 덮는다든가, 귀를 덮으면 엄마는 참지 못했습니다. 머리만큼은 미장원에서 적어도 한 달에 한 번은 자르거나 파마를 했습니다. 다리 힘이 점점 없어지고, 외출 하는 것이 귀찮아지면서 자연스럽게 머리가 길어졌습니다. 마치 새 집처럼 머리가 붕 떠 있었습니다. 그럼에도 불구하고 미장원으로 가자고 몇 번이나 요청해도 엄마는 계속 거절했습니다. "엄마 머리가 너무 지저분해요. 엄마 머리 좀 잘라야겠어요. 나이 들어 보여요 엄마 미장원에 갑시다" 하면, 엄마는 "괜찮아 괜찮아" 하시면서 나가기를 꺼려했습니다. 엄마는 계속되는 딸의 요청을 무시 할 수 없어서 단골 미장원에 가서 머리를 자르고 예쁘게 파마를 했습니다. 파마를 하니까 훨씬 생기가 있어 보이고 깔끔해서 기분이 너무 좋아졌습니다. "엄마 우리 삼계탕 먹고 갈래요?" "그래 좋지 뜨끈뜨끈한 국물에 밥도 말아 먹자." 엄마와 나는 기분 좋게 삼계탕 집으로 향했습니다. 엄마도 맛있게 드시고 났는데 엄마가 잠시 화장실에 가고 싶다고 했습니다. 나는 화장실이 2층이라 엄마랑 같이 갔습니다. 엄마가 좀 시간이 걸리니 너 먼저 내려가 있으라고 했습니다. 그런데 엄마가 올 시간이 지났는데도 안 오셨습니다. 나는 궁금해서 화장실 쪽으로 가보니 엄마가 앉아서 일어나지를 못했답니다. "엄마 다리 괜찮아요?" "어, 나도 깜짝 놀랐네. 괜찮아." 식사를 마치고 집으로 가려 했는데 엄마가 앉아서 일어설 때 다리가 아프다고 말했습니다. 엄마집이 3층이라 계단을 올라가야 되는데 엄마가 힘들다 하여 부축을 해서 무사히 3층 가정집까지 올라갔습니다. 나는 안방에 이부자리를 펴고, 엄마 얼굴을 수건으로 닦고 엄마를 안정시켰습니다. 엄마는 나는 괜찮으니 빨리 집에 가라고 재촉하셨습니다. 나는 불안하고 발길이 안 떨어졌지만 내일 아침 일찍 오겠다고 하면서 무거운 발걸음으로 인천으로 향했습니다.

♡ 도움말

무리한 운동 권유는 하지 마세요.
괜찮다는 말을 믿지 마세요.
낯선 장소나 계단이 있는 화장실은 반드시 함께 가고, 기다렸다가 함께 돌아와 주세요.

갑작스러운 입원으로 소변이 안 나와요

    화장실 2층에서 엄마가 넘어져서 골반 골절이 되었습니다. 위낙 병원 가는 것을 싫어했던 엄마이지만 정형외과에서 CT 촬영을 하기 위해 119구조대에 실려서 갑자기 병원에 갔습니다. 본인의 의사와 관계없이 병원에 실려 가 골반 골절임을 확인하고 엄마네 봉천동에 있는 장기요양병원에 입원을 했습니다. 엄마의 건강 상태가 안 좋았고, 엄마가 갑자기 병원에 실려 가면서 알 수 없는 쇼크와 트라우마가 있었나 봅니다. 입원하고 나서 밤부터 소변이 안 나온다고 병원에서 연락이 왔습니다. 그리고 밤에는 엄마가 잠을 못 주무시고 중얼중얼 크게 잠꼬대를 해서 주변 사람들도 잠을 못 자게 해서 피해가 있다고 했습니다. 엄마의 담당 주치의가 큰 병원에 가서 신장 상태를 체크해야 한다고 하며 반강제 퇴원하게 되었습니다. 엄마와 남편과 나는 서울 보라매병원 응급실에서 여러 가지 검사를 했습니다. 양평에서 언니도 왔습니다. 저녁에 담당의사가 엄마는 콩팥에 큰 이상은 없으나 스트레스로 인해서 소변이 안 나오는 것 같다고 심리적 안정이 필요하니, 가족들이 옆에서 돌봐줘야 한다고 했습니다. 엄마는 남편을 보면서 또 언니와 이런저런 이야기를 하면서 기분이 한결 좋아진 걸 느꼈습니다.

의사는 콩팥에는 별 이상이 없으므로 장기요양병원에 입원시킬 것을 권했습니다. 남편은 여기저기 수소문해서 중동에 있는 M요양병원으로 전원을 했습니다. 우리는 다행이라 생각하고 엄마와 함께 중동에 있는 요양병원으로 엄마를 입원시켰습니다.

♡ 도움말

치매 한자는 지남력(指南力)이 부족함으로 장소 공간 이동이 있을 시에는 꼭 함께 움직여 주세요.
어떠한 입원을 할 경우에는 환자가 이해하지 못할 것 같지만 설명을 해서 본인의 의사를 물어 보고 병원을 옮기는 것이 좋습니다.

🌸 두 번째 요양병원 입원

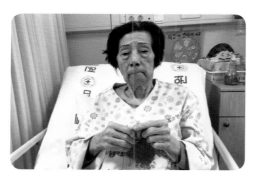

중동에 있는 M요양병원으로 엄마를 입원시켰습니다. 엄마는 골반 골절로 걷지 못하고 도뇨관을 연결해서 침상에서만 생활하는 안타까운 신세가 되었습니다. 새로 지은 병원이라 6인실이지만 넓고 깨끗하고 조용하고 좋았습니다. 연변 동포 간병인이 세심하게 잘 돌보아 좋았습니다. 엄마가 식사도 잘 하시고, 도뇨관을 끼웠지만 점차적으로 병원에 잘 적응해서 감사했습니다.

엄마는 딸들을 보면 "뭐 맛있는 거 없니, 맛있는 것 좀 줘봐" 하며 매일 맛있는 음식을 찾는 어린아이와 같았습니다. 언니가 양평에서 일주일에 한 번씩 왔습니다. 그리고 동생도 대전에서 일주일에 한 번씩 왔습니다. 나는 병원에서 거리가 가까웠음으로 시간이 되는 대로 자주 엄마한테 들렀습니다. 엄마의 병실은 중환자실이었고, 혈관성 치매, 뇌경색, 고관절 환자 등 모두 거동을 못하는 와상환자 어르

신들이었습니다.

엄마는 병실 분위기 속에서 매일 저렇게 누워만 있으면 뭐 하냐고 빨리 내가 죽어야지 하면서 가끔 자신의 삶을 비관했습니다.

병원에는 치매를 전문적으로 담당하는 정신건강의학과 전문의가 없었습니다. 엄마의 담당 의사는 정형외과 전문의로 엄마 골절에만 신경을 쓰셨고, 치매 진행에 대해서는 큰 호전이 없었습니다. 재활치료도 엄마에게는 전문화 되지 않아서 간단한 전기침을 맞는 정도의 물리치료 정도였습니다. 엄마가 병원에 점차 안정되면서 6개월이 지나고 소변이 제대로 나오기 시작하면서 도뇨관을 빼고 자유스러운 몸이 되었답니다. 그러나 엄마는 걸을 수는 없었습니다.

♡ 도움말

요양병원은 가능한한 집에서 가까운 곳을 선택하세요.
해당 질병의 전문 의사가 있는지 확인하세요.
재활치료가 전문적으로 잘 진행할 수 있는 병원으로 선택하세요.
치매 프로그램이 다양하게 있는지 확인해 보세요.

🌸 밤마다 자면서 중얼 중얼

　엄마에게는 잠꼬대하는 버릇이 있었습니다. 치매 행동 가운데 선망, 환상, 망상, 배회, 공격적 행동 등 여러 증상들이 나타납니다. 엄마는 비교적 예쁜 치매라 부를 수 있는 착한 치매였습니다. 그런데 엄마는 밤에 잠을 잘 때 유난히 잠꼬대가 많아서 주변 환자들에게 폐를 끼치게 되었습니다. 어쩌다가 매일 심하게 큰소리로 중얼거리며 딸들의 이름을 부른다거나, 사람을 찾는 듯 소리를 지르는 현상이 심해졌습니다. 중환자실 방에서 일반병실로 옮겨지고, 그 방에는 어느 정도 인지능력이 있는 사람들과 함께 지내다 보니 엄마의 행동에 대해 비난하는 사람들이 있었습니다. 예를 들면 엄마가 틀니를 수시로 빼서 음식물이 낀 것을 혀로 닦아 내는 행동을 하였는데 그 행동에 대해서 더럽다고 비난하며 다른 방으로 옮겨 달라고 하는 등 까다로운 환자가 많았습니다. 엄마의 인지기능이 떨어져 당신이 왜 병원에 있는지 조차도 알 수 없으며, 단지 다리를 다쳐서 병원에 왔다고 여러 차례 반복해서 설명을 했습니다. 여기는 집이 아니고 병원이라 해도 시간이 지나면 잊어버립니다. 어느 날 간호팀장이 보호자와 상담 할 사항이 있다며 저를 불렀습니다. "어머니가 밤에 너무 시끄럽게 잠꼬대를 크게 해서 다른 병원으로 옮기면 좋겠어요."라고 말을 했습니다. "아니면 일대일 개인 간병인을 쓰시던가요." 정말 약점이 있는 환자의 보호자에게 치명적인 선고였습니다. 계산을 해보니 하루의 8만 원씩 한 달이면 240만 원이었고 병원비가 110만 원이니 합하면 한 달 치료비가 350만 원이었습니다. 정말 어이가 없고 당황할 수밖에 없었습니다. 저는 남편과 상의를 해서 며칠만 더 있겠다고 양해를 구했습니다.

저는 그때부터 부하가 치밀고 화가 났습니다. '누가 치매에 걸리고 싶어서 치매 걸리나', '누가 넘어지고 싶어서 골절 되나', '누가 잠꼬대하고 싶어서 잠꼬대 하나' 속상하고 슬픈 마음으로 다른 병원을 알아보았습니다.

♡ 도움말

치매 병동에도 차별화가 있으니 환자의 상태에 따라서 확인하시고 선택하세요.
간병인의 서비스 능력이 정말 중요합니다. 간병인의 경력, 인품, 자질을 확인하시고 결정하세요.

따뜻하고
뜻밖의 놀라운
봄날

(점옥 씨의 81세)

이사야 40장 31절

오직 여호와를 앙망하는 자는 새 힘을 얻으리니 독수리가 날개치며 올라감 같을 것이요
달음박질하여도 곤비하지 아니하겠고 걸어가도 피곤하지 아니하리로다.

🌸 세 번째 요양병원으로 옮김

　　우리가 인생을 살다 보면 전화위복의 복이 오는 경우가 있습니다. 이전에 중동에 있는 M병원에서 반강제적으로 퇴실 당해서 새로운 병원을 찾다가 부천에 있는 가은병원으로 옮기게 되었습니다. 좋은 병원을 위해 새벽 기도를 하며 여호와이레, 준비하시는 하나님의 임재를 느꼈습니다. 우리 집에서 한 시간 정도 걸리고 정신건강의학과 전문의 담당 선생님도 있었습니다. 규모도 크고, 주변 환경도 아름답고, 소래산과 연결 되어서 공기도 맑고, 나무도 있고, 정원도 있어서 정말 좋았습니다. 다만 병원비가 비싸서 조금 부담은 되었지만 엄마가 노후 준비를 다 해놓고 입원하셔서 병원비 걱정은 크게 하지 않아도 돼 감사할 뿐이었습니다. 입원실이 꽉 차서 엄마는 임시로 5층에 있는 중환자실로 배정되었습니다. 엄마는 처음에 "왜 나를 이런 곳에 두느냐", "너희는 왜 쓸 데 없는 일을 하느냐", "날

병원에 두고 가느냐"하며 불안감과 초조함이 가득했습니다. 엄마의 하소연하는 불안한 모습이 저의 마음을 참 아프게 했습니다. 엄마 옆에 입원하고 있는 93세 어르신이 걱정하지 말라면서 처음엔 다들 이렇게 하다가 곧 좋아질테니 걱정하지 말고 집에 가라며 위로해 주었습니다. 엄마는 보름 정도 지나니까 점차 안정되어 가고 잘 적응하면서 좋아졌습니다. 불안한 마음과 일상 생활이 안정되어 갔습니다. 그렇지만 변비가 계속 생겨서 화장실 타령이 시작 되었습니다 간병인도 많이 힘들어 하였습니다. 엄마의 깔끔한 성격 때문에 절대로 기저귀에 용변을 안보니 엄마를 침상에서 화장실로 옮기는 것은 사람을 지치게 하였습니다. 한 달이 지나고 엄마가 병원에 잘 적응하면서 엄마보다 심각하고 위급한 환자가 중환자실 방에 와야 된다고 엄마를 3층에 있는 치매 병동으로 옮겨 달라고 요청을 했습니다. 저는 지금 잘 적응돼서 이제 안정을 찾았는데 다른 병실로 옮기려고 하니 마음이 무척 무거웠습니다. 할 수 없이 병원의 지시대로 305호 병실로 옮겼습니다.

♡ 도움말

환자의 건강 상태를 잘 확인해서 병실을 자주 옮기는 것은 좋지 않아요. 환자가 새로운 병실에 적응할 때까지 가족들이 자주 병원에 가주세요. 그래야 안심이 되서 불안감이 줄어듭니다.

🌸 간병인을 잘 만나야 합니다

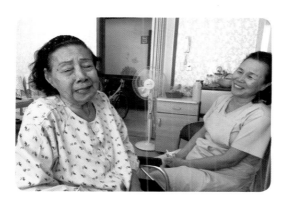

엄마가 305호실로 옮긴 후 많이 안정되고 좋아지고 있어서 병원에 갈 때 한결 마음이 가벼워졌습니다. 치매 환자는 장기적으로 병원에 입원하기 때문에 간병인의 영향력이 매우 중요합니다. 어떤 어르신은 10년 동안 병원에 입원하고 계시는 분도 있습니다.

보통은 3~4년 계시다가 하늘나라에 가시는 경우가 많습니다. 치매 환자의 잔존 기능을 최대한 살려서 병원의 일상생활에서 본인이 할 수 있도록 격려와 칭찬을 하는 것이 정말 중요합니다. 간병인도 참으로 다양합니다. 말끝마다 "아이고 힘들어 죽겠어" 하는 간병인이 있고, 보호자만 보면 "엄마 때문에 힘들어 죽겠어요" 하는 칭얼거리는 간병인이 있고, 보호자가 옆에 있는데도 환자에게 소리 지르고 윽박지르며, 스트레스 날리는 무례한 간병인도 있습니다.

반면에 연약한 자에게 가족처럼 불쌍히 여기고 잘 섬겨줘서 존경하는 마음을 들게 하는 천사와 같은 간병인도 있습니다. 환자의 목소리만 들어도 어디 이상이 있다고 족집게처럼 아는 의사에 버금가는 실력 있는 베테랑 간병인도 있습니다.

고귀한 영혼을 위해 기도하며 달래주고, 칭찬해주고, 존중해주는 목사님과 같은 간병인도 있습니다. 한식구처럼 같이 웃고, 울고, 아파하고, 출근하는 심성 좋은 간병인을 만날 수 있게 기도하세요.

♡ 도움말

간병인의 인성과 품격은 정말 중요합니다. 간병인에게 이래라 저래라 지시하지 마세요. 간병인하고 의사소통이 중요합니다. 정성을 다하는 간병인에게 항상 감사하는 마음을 가지세요.

🌸 도수치료하면서 보행 연습 시작

　새로 옮긴 가은병원 물리치료실은 넓고 활기찬 젊은 선생님들이 많아서 무척 좋았습니다. 엄마의 도수치료 담당 선생님은 한마디로 최고입니다. 천성 자체가 어르신을 잘 공경하며, 항상 밝은 미소로 환자들을 대합니다. 도수치료 선생님이 지극한 정성과 따뜻한 손길로 보살펴서 엄마의 보행하는 능력이 점점 좋아져 다리 근력이 많이 생겼습니다.

　엄마는 보행기를 의지하고 걷습니다. 어느 날은 6회 정도를 돌기도 하고, 몸 상태가 좋을 때는 복도 끝까지 보행하여 다리 근육이 정말 좋아졌습니다. 선생님은 수업 내용도 다양하게 진행하여 주셨습니다. 스트레칭도 하고, 판자에 오르고 내리기, 공놀이, 박수치기 등 재미있

게 수업이 진행 되어 엄마의 보행이 많이 향상되고 있었습니다.

　엄마가 제일 좋아하는 운동은 공놀이입니다. 빨간 공을 선생님과 서로 주고받으

며 밀고 당기며, 눈빛 교감과 웃음이 가득한 재미있는 운동입니다. 엄마가 공놀이를 하면서 소리 크게 웃을 때는 다른 운동을 할 필요가 없을 정도였습니다.

엄마는 보행기 서서 있기, 자전거 타기, 스트레칭 등 일주일에 세 번을 꾸준히 하다 보니 정말 몰라보게 다리 힘이 좋아졌습니다.

♡ 도움말

도수치료는 꾸준히 매일 하면 좋습니다. 식구들이 도수치료할 때 동참하면 효과적입니다. 칭찬과 격려를 하면 더욱 효과를 높일 수 있습니다. 도수치료로 다리 근력과 몸의 균형을 잡을 수 있습니다.

🌸 심장판막협착증이 발견됨

　엄마는 병원 식사를 순식간 뚝딱 해치웁니다. 밥을 남기는 습관이 없으므로 밥그릇의 바닥이 보일 때까지 싹싹 다 드십니다. 한가위에는 엄마를 모시고 상동에서 유명한 갈비탕 전문점에서 식사를 했습니다. 젊을 때부터 육류를 좋아하고 갈비탕은 엄마가 좋아하는 음식이었습니다. 추석이 지나고 다음날 병원에 갔을 때 담당 주치의 선생님이 보호자를 불렀습니다. 의사 선생님은 엄마의 심장 소리가 이상하다고 하며 큰 병원에 가서 진찰해 보시는 것을 권했습니다. 심장에서 청진기를 통해 콩콩 찍찍 소리가 난다는 것입니다. 마치 타이어에서 바람 빠진 듯이 기분 나쁜 소리가 들렸습니다.

　엄마는 부천성모병원에서 심장 특수 초음파촬영을 했습니다. 대동맥판막 혈류 속도가 아주 위험군에 속해서 수술을 해야 한다는 것입니다. 수술을 빨리 안하면 급사할 수 있다는 것입니다. 수술이 매우 위험하기 때문에 서울에 있는 강남성모병원을 추천해 주었습니다. 아는 게 병이라고 그 후로 엄마는 말끝마다 '아이고 힘들어, 아이고 힘들어 힘들다' 하는 소리가 나왔습니다. 지금은 엄마의 치매보다는 대동맥심장 판막협착증이 우리를 두렵게 했습니다. 때로는 예기치 않게 돌연

사로 생명을 빼앗아 갈 수 있기 때문입니다. 인간의 신체 중에 심장이
가장 중요한 장기이기 때문입니다.

♡ 도움말

의사의 청진기 진찰을 무시하지 마세요. 매월 정기 검사가 필요합니다. 실력
있는 주치의를 만나 보세요. 풍부한 경험이 있는 의사 선생님을 만나면 큰
축복이라 생각하시고 감사하세요.

✿ 인공심장판막 시술이 실패로

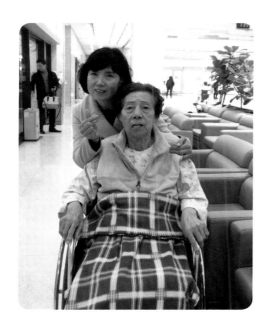

가을부터 심장판막협착증 진단을 받고 남편과 나는 병원에 가는 일이 더욱 많아졌습니다. 엄마의 컨디션이 좋으므로 판막이식시술을 받기 위해 여러 가지 검사로 서울에 있는 병원을 다니기 바빴습니다. 엄마가 인지기능이 부족해서 검사 시에는 여러 가지 지시와 명령을 잊어버려서 애를 태웠습니다. 판막시술을 위한 CT검사, 심전도검사, 대동맥 특수촬영 등 여러 가지 검사가 많았습니다. 다행히 엄마는 밥심이 있어 부천성모병원에서 서울강남성모병원까지 이동할 때 차멀미도 안하시고 잘 견뎌 주었습니다.

드디어 12월 6일에 인공판막이식시술을 시작했으나 안타깝게 실패로 끝났습니다. 엄마의 심장 안쪽에 딱딱한 석회질들이 많아서 인공판막이 펴지지 않아서 인공판막 교체에 실패했습니다. 그때는 엄마가 너무 고생해서 안쓰럽고 불쌍했습니다. 그러나 하나님은 때로는 간절한 기도의 응답하지 않음을 감사하라는 마음을 주셨습니다. 수술 진행은 위험 사태를 대비해서 철저한 준비를 했지만 기계도 찾지 못하는 심장 안쪽의 석회질로 수술 두 시간 동안 무척 많이 고생을 하였습니다.

추운 회복실에서 눈물을 뚝뚝 흘리며 "나 혼자 두고 가지 마라, 너무 춥고 갑갑하다"며 정말 힘들어 하셨습니다. 병원에 일주일 동안 있으면서 우리 세 딸들은 다짐을 했습니다. 엄마한테 수술은 하지 말자. 의사는 수술을 권유하지만 우리는 더 이상 수술을 하지 않기로 다짐했습니다.

수술회복 기간 동안 아프고 힘든 상태를 이겨낼 의지가 없음을 깨달았습니다. 성모병원에서 일주일을 보내고 퇴원해서 부천의 내 집 같은 요양병원으로 옮겨 왔습니다.

♡ 도움말

함부로 수술하지 마세요. 가족의 협력이 중요합니다. 하늘이 주어진 천수대로 고통 없이 천국 갈 수 있도록 매일 기도 하세요.

🌸 병원이 내 집이여

신장판막시술로 서울 강남에 있는 성모병원으로 외출을 여러 번 하게 되었습니다. 부천요양병원에서 강남 터미널까지는 한 시간 이상이 소요됩니다. 복잡한 검사와 이것저것 검사할 때는 엄마가 집 타령을 안했습니다. 엄마가 외출하시고 나서 차를 타고 오면서 차안에서 유난히 서울에 당신 집 얘기를 많이 합니다. 강남터미날 성모병원에서 요양병원에 도착하면 "여기는 내 집이 아닌데, 이상하다 이상하다, 정말 여기가 내 집이야?" 자꾸 물어 봅니다. 나는 엄마가 그런 소리를 할 때 마음이 무척 착잡하고 대답하기가 곤란했습니다. "엄마 여기가 제2

의 집이야. 진짜 집은 서울이고 여기 집도 엄마집이야. 여기서 밥도 해주고, 청소도 해주고, 빨래도 해주고, 여기는 외롭지 않고 편한 곳이에요. 엄마가 다리가 튼튼해지면 서울 집으로 다시 갈수 있어요." 엄마는 마치 말뜻을 알아 들은 듯 아쉬워했습니다. 엄마는 혼자 있는 사실이 너무 싫었던 것 같습니다. 엄마는 외출하고 오면 똑같은 말투로 이런 말을 계속 했습니다. 그리고 병실에 들어와서는 이상하다 하며 약간 흥분이 되기도 하고 기억력이 돌아오는 것 같기도 했습니다. 엄마가 살던 서울 봉천동 집은 마지막으로 엄마가 준비한 귀중한 보금자리이기 때문입니다. 엄마의 치매로 인해서 세 번째 병원신세인데, 현재 치매로 집을 나온 지 5년째 외출 중입니다. 엄마가 가끔 정신이 온전할때 "내가 살던 서울집은 잘 있지? 사람들이 거기서 잘 살고 있지? 너랑 시간이 나면 같이 한번 가보자"라고 할 때가 있습니다. 주변사람들은 엄마한테 당신이 30년 동안 살아온 신림동 집에 돌아가시기 전에 거기 가봐야 무슨 의미가 있느냐고 얘기를 합니다. 언젠가 엄마랑 마음을 강하게 먹고 서울 나들이를 가보고 싶습니다. 엄마의 심장판막에 위기가 올까봐 선뜻 서울로 이동하기가 겁이 납니다.

♡ 도움말

누구나 마음에 고향이 있습니다. 고향 얘기를 나누며 추억을 되살리는 시간을 가져보세요. 큰 위험과 부담감이 없다면 부모님의 손을 잡고 고향 나들이를 해 보세요.

🌸 눈을 들어 산을 보니 나의 도움은 하나님께로부터

　　엄마는 50년 넘게 절에 다녔습니다. 남편을 일찍 하늘나라에 보낸 후에는 더욱 열심히 절에 다니며 공양을 했습니다. 매월 초하루에는 돼지고기, 막걸리, 북어포를 놓고 지성을 드렸습니다. 한 달 동안 위험한 일이 없도록 도와주시고, 가족 모두 건강하고 안전하게 해달라고 아침에 일찍 일어나서 집안과 사업장에서 지성으로 드렸습니다. 엄마의 정성이 하늘을 닿아서인지 우리 딸들도 건강했고, 엄마에게 적당한 재물도 따라와서 큰 부자는 아니었지만 생활하는데 지장 없을 정도로 안정적인 생활을 했습니다. 한증막은 엄마가 50대 초반에 종업원 열두 명을 두고 봉천동에서 운영을 하셨습니다. 한증막 카운터 불가마 앞에서 안전하게 또 장사 잘 되게 해달라고 매월 초하루에 정성을 드렸습니다. 엄마는 화재 보험도 들지 않고 당당하게 15년 이상을 아무 사고 없이 운영을 잘 했습니다. 과거를 돌이켜보면 엄마는 성실하게 열심히 오직 딸 셋과 가족을 위해서 정말 건강하게 살아 오셨습니다. 완고하고 정직한 엄마의 선한 고집이 있어 불교를 저버리고 예수님을 받아들이고 인정한다는 것은 정말 하나님의 은혜임을 고백할

수 밖에 없습니다. 치매에 걸려서 이 병원 저 병원을 옮겨 다니면서 마침내 병원에서 예배를 통하여 예수님이 어머니의 구원자이시요 천국 소망을 갖게 됨을 진심으로 감사드립니다.

기도 응답이 이루어질 때마다 하나님께서 정말 꾸준히 일하고 계셨다는 것을 느끼고 깨닫게 되었습니다. 엄마가 치매에 걸리지 않고 경제적으로 잘 살았다면 과연 엄마가 예수님을 영접 할 수 있었을까? 예배 중에 엄마가 큰소리로 할렐루야 아멘을 따라 부르시며 예수님이 좋은걸 어떡합니까, 찬양을 부를 때 순수한 어린아이 같았습니다. 찬송을 부르면서 곡조에 맞추어 손바닥으로 책상을 두드리며 박자를 맞추고 있는 순전한 어린아이 같은 엄마를 볼 때 가슴이 뭉클하며 감사가 절로 나온답니다.

♡ 도움말

요양병원 중에 예배를 드리는 병원을 찾아 보세요.
연약하고 연로하신 어르신들은 병원 예배를 통해 영혼을 사모하는 마음이 열려 있는 경우가 많이 있어요.
예배를 통해 죽음을 생각하는 어르신들에게 하늘의 소망과 영생 구원함과 진정한 마음에 위로를 받을 수 있어요. 지금의 위기와 약함이 유익한 축복이 될 수 있습니다.

🌸 병원에서 예수님 영접

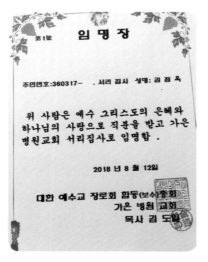

엄마 나이 82세 2016년 12월 30일 오후 3시에 목사님을 모시고 병원 6층에서 병원 세례를 받았습니다. 12월초에 인공판막 시술을 실패하고 의사 선생님이 이제 남은 여생 동안 어머니를 편안하게 해 드리라고 말씀하셨습니다. 언제 어디서 어떤 상황에서든지 판막이 닫히면 자연적으로 심정지가 생겨서 숨을 거둘 수 있다고 말씀하셨습니다. 우리는 생명의 주권자이신 하나님께서 어머니를 낮의 해와 밤의 달이 상치 않게 하신다고 감동을 주셨기 때문에 어머님이 이번 세례를 통해서 육신의 강건함과 영혼이 잘 되며 범사가 잘 되는 복을 누리며 살 수 있으리라 믿습니다. 목사님이 준비하신 세례의식 중에 "예수님을 당신의 구세주로 받아들이고 있습니까? 당신은 어떤 어려움과 아픔 속에서도 하나님의 위로와 은혜와 영생을 주신 소망의 하나님을 믿습니까?"라고 질문했을 때 정확

하고 뚜렷하게 "네" 하고 대답했습니다. 남은 황혼의 인생에서 하나님의 도우심으로 풍성한 삶으로 인도하시길 기원하는 목사님의 축복 기도가 지금 그대로 이루어지고 있음을 고백할 수 있습니다.

♡ 도움말

자식이 부모님께 효도하는 길은 영혼 구원을 위해서 기도하며 축복하는 것입니다. 아직 예수님을 믿지 않는 부모님이 계시면 하나님께 간절히 기도하세요. 세례를 통해 마음의 평강과 위로가 병원생활에 큰 힘이 됩니다.

4장

전화위복의
즐거운 역전의
봄날

(점옥 씨의 82세)

이사야 43장 19절
보라 내가 새 일을 행하리니 이제 나타낼 것이라 너희가 그것을 알지 못하느냐 반드시
내가 광야에 길을 사막에 강을 내리니

🌸 컨디션이 점점 좋아지고 있어요

　간병인이 말하기를, "엄마가 요즘 좀 이상해졌어요. 자꾸 밖에 나가시려고 하시네요." 엄마는 방에 있으면 뭐 하나, 누워 있으면, 뭐 하나 바람 쐬러 나간다며 혼자서 복도에 나가신답니다. 중앙에 있는 간호사 안내데스크까지 갔다 오신다며 엄마가 방에 있지 않으려고 한답니다. 간병인은 돌아가시기 전에 어르신들이 가끔 안 하던 행동을 하시는데 엄마가 유난히 요즘 밖에 나가시려는 이상한 행동하신다고 말씀했습니다. 나는 엄마가 에너지가 많이 생겨서 바깥에 관심을 갖게 되는 건 그만큼

활동량과 컨디션이 좋아졌음으로 생각하여 감사했습니다. 요양병원의 복도가 길어서 활동 가능한 어르신들이 걷기운동을 하거나 산책하기에 좋은 여건입니다. 매일 나가서 운동을 하니 엄마랑 인사하는 친구도 생겨서 병원생활에 활력이 붙었습니다.

♡ 도움말

운동을 잘할 때 칭찬해 주세요.
간병인 여사님의 사랑의 언어 한 마디가 치매 대상자에게 큰 도움이 됩니다.

✿ 하나님 나라에 저축을

　요즘 엄마의 건강이 전체적으로 좋아지고 있어 병원에 갈 때마다 감사한 마음에 발걸음이 가볍습니다. 엄마가 많이 아플 때는 마음도 무겁고, 언제 좋아지실지 걱정이 되었습니다. 시간이 날 때마다 집안 일을 하면서 기독교방송을 많이 봅니다. 어느 날 텔레비전에서 전파 선교사 행사가 있었습니다. 커다란 마음에 감동이 왔습니다. 엄마는 지난 80여 년 동안 이 땅에서 수고와 슬픔과 탄식했던 나날들이 많았는데 엄마의 이름으로 무엇인가를 해드리고 싶었습니다. 엄마를 위한 미니 가족영화를 만들어 볼까 생각하였고 엄마를 위한 자서전을 쓸까 생각 중이었는데, 엄마를 위한 전파 선교사가 마음에 들어 왔습니다. 엄마를 위한 가장 좋은 것은 엄마의 이름이 하늘나라의 전파 선교사로 남는 것이라는 생각을 했습니다. 기쁜 마음으로 나의 알뜰통장을 털어서 하늘나라에 저축했다는 마음으로 드렸습니다. 하나님이 나의 진실함을 아셨는지 내 마음을 격려해 주셨습니다. 그 자비로운 마음으로 엄마에게 몸의 강건함을 허락하셨습니다. 히스기아가 생명을 15년 연장을 받은 것처럼 하나님이 엄마한테 생명의 연장을 선물로 보답해 주시리라 믿습니다. 정말로 신기하게 엄마의 건강이 좋아진 걸

느꼈습니다. 간병인도 어머니가 요즘 힘들어 한다는 이야기를 덜 하신다면서 아침에도 건강하게 금방 일어나시고, 건강해지신 것 같다고 좋아했습니다. 도수치료 선생님도 "할머니가 다시 컨디션을 회복하신 것 같아요. 요즘 운동도 잘 하시고, 기분도 많이 좋아지신 것 같습니다" 나는 엄마의 등 뒤에서 힘주시고 버팀목이 되어주시는 하나님이 계시다는 사실을 믿고 있습니다. 전능하신 하나님께 감사드립니다.

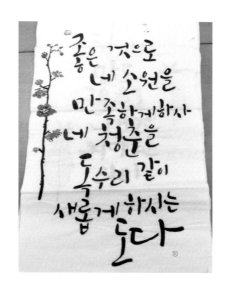

♡ 도움말

매일 아침마다 부모님을 위해 기도해 주세요.
부모님이 살아 계실 때 한번이라도 더 찾아 가서 얼굴 보고 함께 웃는 시간을 만들어 주세요.
부모님이 잠자듯이 편안한 모습으로 하나님 품에 안기기를 기도해 주세요.

❀ 나는 행복하고 감사해

예전 설날 명절 때는 가족들이 모두 엄마 집에서 모였습니다. 엄마가 건강할 때는 언니 가족과 막내 동생이 함께 모여 음식도 만들고, 세배도 드리고, 놀이도 하고, 고스톱 치고, 즐겁게 보냈습니다. 엄마가 집 떠난 지 4년째 병원생활 동안 설과 추석 명절은 일단 병원에서 모여 엄마 얼굴을 보고 남편이 운영하는 스튜디오에서 동생과 함께 설날을 보냅니다.

준비된 고운 한복을 입고 딸 사위 손자 손녀의 세배를 받으면서 엄마는 너무 행복해 보였습니다. 82살에 설날을 또 맞이할 수 있다는 사실은 전적으로 하나님의 은혜임을 고백할 수 밖에 없습니다. 과일과 갈비 등 음식을 준비했습니다.

서로 덕담도 나누고, 사진도 찍고, 노래도 부르고…. 막내 동생은 아이처럼 율동도 하고, 정말 이전에 느끼지 못한 행복한 설날을 맞이합니다. 엄마의 활짝 웃는 모습이 어린아이가 됐습니다. 엄마와 함께 행복하고 풍성한 설날을 보내게 하신 하나님께 감사드립니다.

♡ 도움말

명절은 반드시 가족과 부모님과 함께 지내세요.
함께 가족사진을 찍고 추억 남기세요.
사랑의 편지를 적어서 덕담을 나누세요.

10만 원짜리 돈다발을 보고 눈물이 글썽글썽

    엄마는 장사를 40년 이상 해왔습니다. 젊었을 때는 외할머니를 도와서 쌀가게를 하고, 결혼하고 나서는 생활비에 보탬이 되는 것이라면 무슨 일이든지 열심히 했습니다. 타이어가게, 과자가게 그리고 50살 때는 한증막을 하면서 현금을 많이 만졌습니다. 매일 장사를 해서 수익금을 정리하고, 천원짜리는 천원짜리대로 모아서 뭉칫돈으로 만들고, 만 원짜리는 만 원짜리 대로, 수표는 수표끼리 모으고, 동전은 동전끼리 정리해서 금고에 보관했습니다. 그리고 은행에 적금과 저축을 꾸준히 해 나갔습니다. 엄마의 돈을 새는 속도는 은행원만큼 정확했습니다. 엄마는 만 원 뭉치와 천 원 뭉치를 꼼꼼하게 실수하지 않게 세서 고무줄로 묶어서 보관했습니다. 치매가 3년 정도 진행되니까 엄마가 돈에 대한 개념을 점차 잃어 버렸습니다. 나는 엄마에게 가끔 산수 공부를 돈으로 환산해서 연습을 시켰습니다. "3만 원 더하기 5만 원은 얼마? 50만 원 더하기 40만 원은 얼마?" 이렇게 물어보면 엄마는 "나를 바보 취급 하는구나. 그것도 모를 사람이 어디 있어" 하시면서 웃으며 적극적으로 대답했습니다. 나는 엄마 생활비 통장에서 100

만 원을 현금으로 찾아서 십만 원씩 열개로 만들어서 병원에 가지고 갔습니다. 엄마는 십만 원짜리 열개 다발을 보고 눈이 휘둥그레지며 깜짝 놀랐습니다. 웬 돈이냐, 어디서 난거냐면서 아주 궁금해 하셨습니다. 엄마가 병원에서 바깥 외출을 못 하니까 심심할까봐 돈 한번 실컷 만져보라고 가져온 거예요. 엄마는 감동에 눈물을 흘리며, "고마워, 너희들이 이렇게 내 마음을 생각해주니까 정말 고맙다" 하며 돈을 만지고 눈물을 흘렸습니다. 우리는 과연 엄마가 예전과 같이 기계처럼 돈을 잘 셀 수 있을까. 이런 기대감을 가지고 엄마에게 십 만 원을 드려봤습니다. 그런데 우리의 예상대로 엄마가 정말 빠른 속도로 돈을 척척 잘 세어 모두 깜짝 놀랐습니다. 엄마는 돈을 다 세고 나서, "너 이 돈 갖고 차비나 해라" 하며 우리에게 내줬습니다. 치매가 걸려도 몸에 배인 습관들은 일상생활 속에서 자연스럽게 나온다는 말이 맞습니다. 우리 자매는 '역시 엄마의 손은 살아 있네'라고 인정했답니다.

♡ 도움말

가족이 모였을 때 부모님이 좋아했던 일들을 상기시켜 주세요.
주어진 일들을 잘 했을 때 칭찬을 많이 해 주세요. 돈을 이용해서 시장 놀이로 산수 공부를 해보세요.

🌸 내 마음 별과 같이 저 하늘 별 이 되고 싶어요

요양병원에서는 일 년에 세 번, 설날, 어버 이날, 추석에는 어르신 노래자랑이 있습니다. 병원에 입원하고 계신 어르신들 중에서 자진 해서 신청을 하면 누구 나 참여할 수 있습니 다. 보통 25명에서 30명 정도 신청하는데 아주 즐거운 시간입니다. 채 점은 노래방 기계에서 점수가 나오지만, 가끔 제멋대로 점수가 나와 서 가사도 틀리고 박자도 안 맞았지만 뜻밖에 100점이 나올 때가 있 습니다. 그래서 노래 부른 어르신조차 어안이 벙벙한 채, 일등을 할 때 가 있답니다. 엄마와 나는 노래자랑 2주전부터 스케치북에 가사를 크 게 적어서 병원 6층 화단에서 열심히 연습을 했답니다. 이처럼 노래자 랑이 재밌고 유익한 것은 노래를 부르면서 집중력이 생긴답니다. 그

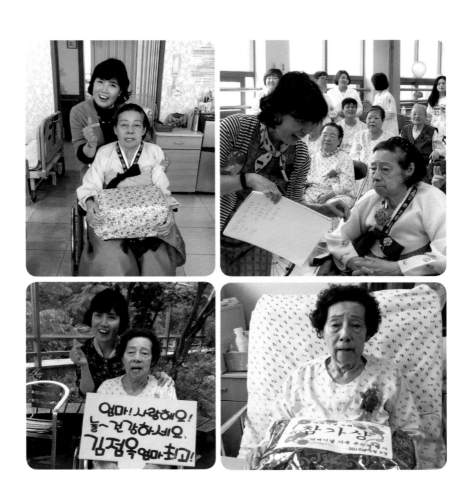

리고 기분도 좋아지고, 옛날 기억도 떠오르고, 이야기 거리가 생겨서 매우 유익합니다. 엄마가 즐겨 부르는 노래는 '청춘을 돌려다오', '내 마음 별과 같이', '노들 강변', '제주도 타령', '서울의 찬가', '공항의 이별', '태평가', '유정 천리' 등 많이 있습니다. 엄마는 프로그램실 앞에 풍성히 쌓여있는 선물들을 보고 욕심이 생겼는지 아주 열정적으로 노래도 부르고 율동도 하고, 손 유희도 하고, 박수도 치며 아주 활기가 넘칩니다. 아직 1등을 한 적은 없지만 노래자랑하는 시간에는 생기도 넘치고, 병원생활이 즐겁습니다. 신나게 노래를 부르고 점수와 관계 없이 참석자 모두에게는 작지만 상품까지 받고 나면 어르신들이 모두 너무 행복해 하십니다.

♡ 도움말

병원생활에서 좋아하는 노래 목록을 만들어 주세요.
매일 한 번씩 노래를 불러요. 식사 후에 부르면 소화도 잘 됩니다.
놀이와 연관된 당신의 이야기를 들어 보세요.

🌸 보고 싶은 친척과 친구를 만나다

엄마의 치매 사실에 대해서 가족뿐만 아니라 주변에 친정 친구들도 너무 당황스럽고 안타까워 했습니다. 엄마의 부지런하고 한결같은 성실한 삶에 대해서 모두 인정하고 있었기 때문입니다. 억척스러운 삶과 딸 셋을 향한 강한 사랑과 매일 거친 세상과 싸워서 이겨야 하는 자기 주도적인 삶을 살던 엄마를 존경했었습니다. 엄마를 아는 사람들은 엄마의 치매 사실이 정말 믿기 어려운 일이었습니다.

어느 날 엄마와 사촌지간인 정갑이 아주머니가 병원에 오셨습니다. 엄마를 생각하면 너무 불쌍하고 측은해서 엄마가 좋아하시는 잡곡, 오이무침, 콩자반, 멸치볶음, 단무지 장아찌 등을 한보따리 싸가지고 찾아 오셨습니다. 아주머니는 건강관리를 아주 잘 하신 것 같았습니다. 얼굴색도 건강하고, 말씀을 조근조근 명확하게 잘 하시며, 무엇보다도 많은 음식을 정성껏 준비해서 병원에 가지고 오셨던 것입니다. 엄마는 처음에는 몰라보시다 시간이 조금 지나니 점차로 아주머니와 함께 온 시흥 형님을 알아 보셨습니다. 엄마랑 함께 모여서 '청춘을 돌려다오', '내 마음 별과 같이', '태평가' 노래를 부르며 즐거운 시간을 가졌습니다. 그리고 살아계실 때 아버지가 착하고 인심이 좋으신 분이

셨다. 엄마한테 그동안 수고했다고 격려하면서 젊은 날의 추억에 대해서 이야기 보따리를 풍성하게 풀어 놓았답니다.

♡ 도움말

부모님의 친구를 초대해 주세요. 앨범 속에 잠자고 있는 사진을 보여 주세요. 보고 싶은 사람을 만나게 해주세요. 나중에 시간이 나면 함께 기억할 수 있도록 기념사진을 찍어 보세요.

🌸 쓸고 닦고 정리를 잘해요

엄마는 아주 부지런한 아침형 인간입니다. 젊었을 때에는 매일 아침 5시에 일어나 가게를 열고, 빗자루를 가지고 가게 앞을 쓸고, 물도 뿌리고 마치 운동장처럼 환하고 활짝 넓게 열어 놓습니다. 계절마다 옷 정리, 이불 정리, 커텐 정리 등 정리정돈을 잘 했습니다.

당신이 필요하지 않은 물건들은 다른 사람에게 주기도 하고 버리기도 하며 정리정돈을 했습니다.

물건은 있어야 할 제자리에 놓아야 직성이 풀렸습니다. 냉동실의 음식물은 날짜를 적어 놓고 이름도 적어 놓았습니다. 아침식사를 하고 난 다음에는 청소기를 돌리고, 걸레로 바닥을 닦고, 마른 수건으로 먼지를 쓸어내고, 깔끔하게 집안을 정리했습니다. 지금이 치매 중기인데도 엄마는 정리정돈을 잘 합니다. 휴지며 식사 후 정리며 이불 정리도 잘 하십니다.

물건은 서랍에 넣고 머리띠도 제자리에 이불도 사각 꼭지점이 잘 맞게 접어서 덮습니다. 벗은 신발은 나란히 침대 밑에 놓고 슬리퍼도 제자리에 놓으라고 강조합니다. 바닥에 떨어진 휴지나 머리카락 조각들은 언제나 주워서 쓰레기통에 버립니다. 프로그램실 책상 위에 더

러워진 자국이나 먼지도 무의식적으로 손이 가서 닦으려고 합니다. 이런 쓸고, 닦고, 치우고, 정리하는 행동들은 치매 과정에 행동으로 나타납니다.

♡ 도움말

좋은 습관이 나오면 칭찬해 주세요.
행동을 제한하거나 자꾸 지적하면 좋지 않습니다.
때로는 청소하는 것에 몰입할 때는 집중하도록 지켜봐 주세요.

✽ 짜증을 내어서 무엇 하나

엄마의 애창곡 중에 하나로 '태평가'라는 노래가 있습니다. 짜증을 내어서 무엇 하나 성화를 내어서 무엇 하나 일생 일장춘몽인데 아니 늙어서 못 하나니 니나노… 엄마의 인생관이 담겨진 노래 가사인 것 같습니다. 엄마의 인생을 돌이켜 볼 때 참으로 긍정적인 삶인 것 같습니다. 남편을 하늘나라에 보내고, 아들 없이 딸만 셋을 두고도 곁길로 가지 않은 것과 이웃과 함께 베풂의 삶을 살아온 것, 문제가 있을 때 그저 그러려니 하고 받아들인 것입니다. 남을 원망하거나 자신의 부족함을 인정하면서 겸손하게 경우 있게 살아오신 것들을 생각해 보면 엄마의 소나무 같은 자만하지 않는 겸손은 '개구리가 올챙이 적 생각을 해야 한다'는 마음을 갖고 살아오셨기 때문일 것입니다.

요양병원에서 엄마가 간병인들이 좋아하며 병원생활을 잘 하고 있

는 것은 어머니 인생관이 병원 생활에서도 묻어나기 때문이라 생각합니다. 또 엄마의 표현이 예뻐서 간병인들의 사랑을 받고 있는 것이 아닌가 생각합니다. 요양병원에서는 일주일에 한 번 씩 목욕을 시킵니다. 목욕할 때 간병인이 너무 수고하고 있어서 감사 표시로 돈을 주고 싶은데 돈이 없다는 것입니다. "아줌마 고마워요 내가 돈이 없는데 얼마에요"라고 한답니다. 또 엄마는 간식을 주어도, 식사를 갖다 줘도 매일 "고마워요" 하면서 인사를 합니다. 경우 바르고, 점잖고, 고상한 품격으로 주변 사람을 편하게 해주는 엄마는 정말 니나노 인생입니다.

♡ 도움말

치매에 걸려도 고유의 성품은 일상에서 묻어 나와요.
치매 대상자의 장점과 감정을 존중해 주세요. 칭찬과 격려로 고은 성품이 나오도록 도와주세요.

5장

행복하고
감사하고
풍성한
은혜의 봄날

(점옥 씨의 83세)

예레미야 29장 11절
여호와의 말씀이니라 너희를 향한 나의 생각을 내가 아나니 평안이요 재앙이 아니니라
너희에게 미래와 희망을 주는 것이니라.

83세의 복된 생신

엄마가 드디어 83세 생신을 맞이했습니다. 82세 때 심장판막이 위험하다는 의사의 진단으로 엄마가 언제 급사 할지 모르니 엄마랑 좋은 시간을 많이 보내라는 충고를 받았습니다. 그 이후 가을이 지나고, 바람이 세차고 추운 겨울 지나 오늘도 하나님의 은혜 안에서 따뜻한 봄날을 맞이했습니다. 그러기에 더욱 뜻깊고 감사한 83세 생신을 맞이했습니다. 엄마는 딸들을 키울 때 아낌없이 주는 나무 같았습니다. 때로 힘들 때 의지할 수 있는 의자가 되었고, 때로 쉴 수 있는 그네가 되었고, 때로 인생의 고난이 올 때 가림막이 되어주는 그늘이었습니다. 세 딸 중에서도 가장 엄마를 힘들게 하고 엄마에게 걱정거리가 되는 둘째 딸을 보면서 많이 안타까워 하셨습니다. 가난한 시댁에서 힘들게 결혼 생활을 하는

둘째 딸을 보면서 엄마는 양으로 음으로 도와주려고 했습니다. 가난은 나라도 구제 못 한다며 한탄하셨습니다. 가끔 인천에 어머니가 놀러 와서 신발장 앞에 신발의 앞코가 밖으로 나가 있는 모습을 보면 이렇게 놓으면 복이 나간다고 하며 신발 코를 안쪽으로 돌려 놓으면서 복이 들어오라고 하셨습니다. 어느덧 세월이 지나면서 저를 엄청나게 힘들게 했던 지독한 가난이 물러가기 시작했습니다. 그래서 엄마의 시름을 조금 덜어놨습니다. 83세 풍성하고 편안한 생신을 맞으면서 엄마가 예전보다 더 강건해 지시고 웃음과 감사가 풍성해짐을 보게 되었습니다. '생명의 근원이 마음에서 나온다'는 말씀처럼 마음이 편안해 지니 모든 것이 넉넉하게 되고, 자족하며 감사한 나날을 보내고 있답니다.

♡ 도움말

어떠한 형편에서든지 감사하도록 노력해 보세요.
원망과 불평은 불행의 시작입니다. 온유한 마음으로 서로를 불쌍히 여기세요. 마음 속에 평안이 찾아옵니다.

❀ 한 접시만 더 주세요

수요일에는 요양병원에서 일주일에 한 번씩 요리치료가 열립니다. 병원에서 제공하는 식사는 저염식에다가 영양죽, 요거트, 바나나 등 건강식으로 골고루 나오나, 가끔은 간식이 그리울 때가 있습니다. 엄마가 좋아하는 간식은 부추, 호박, 야채 부침개입니다. 보통 한 테이블에 다섯 명에서 여섯 명이 한 조가 되어 야채를 다듬는 사람, 야채를 써는 사람, 밀가루를 푸는 사람, 부치는 사람으로 나눠서 수업을 합니다.

요양병원에서 10년째 계시는 아주 똑똑한 어르신이 계십니다. 외모도 정말 야무지게 생기셨고, 뭐든지 잘하시는 어르신입니다. 제가 보기에는 치매 어르신은 아닌 것 같고, 당신께서 잘 걷지를 못해서 혼자 있으면 위험하다고 가족이 병원이 제일 안전하다고 이곳에 모신 것 같습니다. 오신지 십 년이 넘었습니다.

우리 엄마는 원래 부추, 호박 부침개를 좋아하셨습니다. 엄마도 솜씨는 있어서 잘 써시고 요리에 남다른 솜씨가 있었습니다. 위험한 요리는 봉사 선생님이 도와주십니다. 부침개가 인기가 좋아서 잘 팔리고 모두가 맛있게 잡수십니다. 우리 엄마는 딸 몫까지 챙기시느라 용

감하게 손들고 "여기 한 접시 더 주세요"라고 자신 있게 주문합니다. 그리고 딸 것뿐만 아니라 간병인 것까지 챙겨서 방으로 갖고 오십니다. 엄마는 신나고 즐거운 기대감을 가지고 요리 수업이 있는 수요일을 기다리십니다.

♡ 도움말

치매 어르신들은 손을 사용하는 것이 뇌의 발달에 도움이 됩니다. 소근육 발달에 도움을 주는데 칼을 잡고 물건을 자르거나, 가위를 사용해서 오리거나, 종이를 찢어서 붙이는 작업은 뇌와 소근육 발달에 많은 도움이 됩니다. 특히 요리를 통해서 성취감도 느끼고, 함께 하니 협동력도 키우고, 입맛을 잃어갈 때 직접 참여해서 요리를 하면 도움이 많이 됩니다. 어르신들이 할 수 있는 능력 범위에서 채소 다듬기, 콩나물 키우기, 마늘 까기, 멸치똥 고르기 등 관심 있는 일을 찾아 보세요.

🌸 꽃을 보니 너무 기분이 좋아 눈물이 납니다

엄마의 요양병원은 소래산 근처에 있기에 공기가 좋습니다. 요양병원 옆에 있는 신관은 아름다운 꽃밭이 있습니다. 엄마는 꽃을 무척 좋아하시고 화초 키우는 것을 잘 하셨습니다. 젊었을 때는 대추나무도 잘 키워서 가을이 되면 대추도 따먹곤 했습니다. 엄마집 옥상에는 동백꽃을 키웠는데 꽃이 활짝 피면 좋은 일이 있을 징조라며 좋아하셨습니다. 병원 꽃밭에는 야생 민들레, 초롱꽃, 분꽃, 철쭉꽃 등 예쁜 꽃들이 많이 있었습니다. 엄마가 입원한 병원에 가는 날, 월요일, 수요일, 금요일, 일요일에 모자를 쓰고, 선그라스를 끼고, 산책을 많이 했습니다. 어느 날 엄마랑 여기저기 사진 찍는데 엄마가 웃는 것이 아니라 우셨습니다. "엄마 왜 울어?" "꽃이 너무 좋아서, 예뻐서. 어쩌면 이렇게 꽃이 예쁘니" 나는 "엄마가 더 예뻐"라고 말하자, 엄마는 꽃길을 걸을 때마다 행복해 하셨습니다.

💙 도움말

자연과 가까이 하세요. 치매 환자는 정서가 불안정하며 실수할까봐 두려워하고 불안합니다. 집에만 있으면 답답하고 두뇌활동이 활발하지 않습니다. 가까운 공원에 산책을 나가세요. 그리고 꽃 이름 맞추기 게임을 해 보세요. 언어 발달 기억력에 도움이 됩니다. 벤치에 앉아서 하늘도 구름도 보고, 자연을 만끽하여 보세요. 일주일에 세 번 정도 요일과 시간을 정해서 실천하여 보세요. 산책이 어려우면 작은 화분이라도 심어 보세요.

🌸 환자의 잔존 기능을 살려 주세요

　노인성질환이나 치매 진단을 받게 되면 요양병원에 입원하는 경우가 많이 있습니다. 요양병원은 요양원보다 병원비가 비싸지만 24시간 세심한 간호를 받을 수 있어 좋습니다. 병원비가 비싸 경제적으로 부담이 되지만 어쩔 수 없이 요양병원으로 오는 경우가 많이 있습니다. 저도 엄마가 치매 대상자라서 치매에 대해 잘 알아야 하기에 요양보호사 공부를 하게 되었고, 자격증도 취득했습니다. 정말 많은 도움이 되었고, 그후 치매관리사 과정까지 수료했습니다. 요양보호사에게 필요한 사항은 성품과 자질이 좋은 사람이어야 한다는 사실입니다. 그리고 마음속에 이타적인 사랑이 밑받침되지 않으면 힘듭니다. 어려운 환자들의 뒤치닥거리를 어찌 감당할 수 있겠습니까? 가족처럼 사랑하는 마음과 봉사의 마음 그리고 측은한 마음이 없는 요양보호사 생활은 지옥 같은 삶이 될 것입니다. 요양원은 장기적으로 이용하는 어르신들이 많고, 가격이 요양병원보다 덜 부담이 되므로 집에서 가까운 곳으로 선택하면 좋습니다. 요양병원과 요양원에서 공통적으로 중요한 것은 치매 돌봄의 원칙을 지켜줘야 합니다. 인간이 살아가면서 기본적으로 일상생활을 유지할 수 있도록 관심과 사랑으로 돌보거나

보조하고 지지하는 행위를 말합니다. 치매 대상자의 성격, 좋아하는 것과 싫어하는 것, 경험 등을 파악하여, 맞춤 돌보미로서 환자를 인격체로 존중해 주는 것이 중요합니다. 치매라는 병으로 인해 기억력이 떨어지고 인지기능이 없는 대상이라 할지라도 그들은 여전히 인간으로 존엄한 삶을 누려야 하고, 가치 있는 존재임을 인정하고 한 가정의 존경받는 부모였음을 기억해야 합니다.

♡ 도움말

발품을 팔아서 직접 병원을 방문하고 적합한 장소인지 살펴봅니다.
치매병동에서 잔존기능을 살려 줄 수 있는 프로그램이 있나 확인해 봅니다.
혼자서 옷을 고쳐 입는 것이 어려운 경우에는 조력자가 직접 고쳐 입혀 주도록 합니다. 왜 항상 옷을 이렇게 입느냐고 야단치며 환자에게 고쳐 입으라고 지시하면 안 됩니다.

딸을 잘 몰라봐요

엄마가 입원하고 있는 요양병원에는 어르신들을 위한 다양한 프로그램들이 있습니다. 월요일은 웃음치료, 화요일은 공예치료, 수요일은 요리치료, 목요일은 미술치료, 금요일은 노래치료와 원예치료가 있습니다. 엄마가 좋아하는 프로그램은 노래치료와 요리치료입니다. 요리치료를 통해 다양한 간식을 먹을 수 있어서 좋습니다. 재료 손질을 하면서 소근육을 많이 사용할 수 있어 좋습니다. 그리고 3시 반, 점심 먹고 소화가 된 상태라 어떤 요리도 맛있게 먹을 수 있어 인기가 최고입니다. 노래치료는 손뼉을 치고, 박자를 맞추고, 가사를 읽고, 악기를 사용해서 소근육도 사용하며, 집중력을 키울 수 있습니다. 알츠하이머는 뇌의 측두엽의 기억력 기능이 점차적으로 망가져 갑니다. 측두엽이 청각, 기억에 관련된 부위 중에 기억중추로서 중심적인 역할을 하는 곳에 해마가 있습니다. 중력에 대한 감각 및 평형감각을 담당하며 냄새에 관련된 감각을 담당을 합니다. 치매의 초기에는 기억력 저하, 중기에는 언어능력이나 판단력, 시·공간 능력의 저하가 나타납니다. 점점 시간이 흘러 3년 후 정도가 되면 가족들의 이름을 잊어버리고, 더 시간이 진행되면서 나이가 들면 당신 존재조차도 잊어버리게

됩니다. 엄마가 치매 5년차가 되면서 딸의 존재가 헷갈리기 시작했습니다. 어떤 때에는 젊은 아줌마라고 부르기도 하고 조카라고 부르기도 합니다. 때로는 선생님이라고 합니다. 당신이 기억나는 단어를 조합해서 생각나는 대로 부르는 것입니다. 처음엔 실망감도 컸고 나름대로 최선을 다해서 엄마를 섬기고 있는데 엄마가 이제 딸조차 몰라보니 참으로 슬프기도 하고 실망하기도 했습니다. 그러나 좌절할 필요는 없습니다. 치매가 진행되는 과정이라 생각하고 받아들여야 마음이 편해집니다. 치매에 걸린 엄마의 기억력이 점차 상실되면서 자녀들의 이름과 사는 곳, 얼굴이 헷갈려서 "난 모르겠다"라고 말씀하실 때 좌절하게 됩니다. 그러나 실망할 필요는 없습니다. 부모 자식 관계는 완전히 없어지지는 않습니다. 가끔 정신이 맑아지면 피를 나눈 부모와 자식임을 느낄 수 있답니다.

♡ 도움말

질문형의 문답은 좋지 않아요. 예를 들면 "엄마는 누구야?", "나는 몇째 딸이야?", "이 사람 누구야?"처럼 질문형 문답은 좋지 않습니다.
장황한 긴 문장으로 된 질문도 좋지 않습니다. 자꾸 질문형 대화를 하다보면 불안해 집니다.
부정적인 단어 "아냐 그건 틀렸어", "그게 아니고" 부정적인 대답으로 답하지 않게 해 주세요. 자꾸 질문형으로 질문하다 보면 대상자가 불안해집니다. 내가 못 맞추면 자존심이 상할 수 있습니다. 마음속에서는 왜 '나한테 자꾸 질문하는 걸까?'라고 생각합니다. 생각이 안 나오는데 괴로워요.
단어, 어휘는 쉽고 간단한 문장을 사용해 주세요.

🌸 손주만 보면 웃음이 절로 나옵니다

평생 동안 엄마에게 한이 있다면 첫 번째는 남편이 너무 일찍 하늘 나라에 가신 것과 두 번째는 어렸을 때 다리를 다쳐서 한쪽 다리를 절게 된 것과 나머지 한 가지는 아들이 없다는 것이 아닐까 생각됩니다.

둘째딸이 결혼해서 첫 아들을 낳았습니다. 저보다도 엄마가 정말 좋아하셨습니다. "주영아, 네가 아들을 낳았구나"라며 정말 신기해 하셨습니다.

친정에서 몸조리를 하려고 한달 정도 엄마와 함께 지냈습니다. 엄마가 손주를 직접 목욕시키시면서 마냥 행복해 하셨습니다. "어쩜 이렇게 잘 생겼니, 장군감이야" 하면서 입이 귀에 걸렸습니다.

아들이 요양병원에서 한 달에 한두번 정도 할머니와 좋은 시간을 보냅니다. 같이 노래도 부르고, 사진도 찍고, 맛있는 것도 먹고, 꽃밭으로 산책을 하기도 합니다. 손자 얼굴만 보면 싱글벙글 "기특해", "착해", "잘 웃어" 하시며 대견해하면서 너무 좋아하십니다.

손자가 군대 가기 전에 엄마가 소고기를 듬뿍 넣고 무와 감자를 넣어서 끓인 소고기 무국은 정말 맛있었습니다.

딸이 경제적으로 많이 힘들 때 하얀 봉투에 손주 이름을 적어서 꼬박꼬박 한 달에 한 번씩 용돈도 주었습니다. 돈이 없으면 아이들이 나쁜 길로 빠진다고 걱정하시면서 딸네집에 올 때 꼭 챙겨서 오셨답니다. 그리고 명절에는 세뱃돈도 두둑이 주시고 꼭 포옹하면서 어깨를 두드리면서 건강하라고 하시면서 귀여워 하셨습니다. 할머니 사랑을 듬뿍 받고 잘 자라서 이제 결혼할 나이가 되었습니다. 엄마는 손자 결혼식에 꼭 가야된다면서 당신을 꼭 초대해달라 했습니다. 우리는 엄마가 정말 예뻐했던 손자 결혼식을 보시리라 소망하고 있습니다.

 도움말

손자, 손녀와 함께 즐거운 시간을 갖도록 노력해 보세요.
자손들이 자주 와서 부모님을 기쁘게 해 드리세요.
사진과 영상을 찍어서 자주 보여 드리세요.

🌸 기억력이 사라지는 순서가 있어요

　인간의 평균 수명이 점점 늘어나고 있습니다. 우리나라도 백세 시대를 눈앞에 둔 고령화 추세에 있습니다. 여자는 86세, 남자는 83세 정도로 누구나 평균적으로 85세까지 수명을 누립니다. 의료 기술의 발전, 과학의 발달, 경제 · 사회적으로 수준이 높아지면서 관리만 뒷받침되면 85세까지는 건강하게 인생을 살 수 있습니다.

　알츠하이머치매는 인간이 장수하고 노화하면서 뇌도 같이 노화가 되기 때문에 측두엽 부분의 기억력을 담당하는 해마가 망가지면서 기억력이 점점 소멸되어 가는 현상입니다.

　초기(1~2년), 중기(3~8년), 말기(9~10년), 단계별로 서서히 진행되면서 말기에는 아기처럼 변화해서 혼자 독립적으로 할 수 있는 기능을 잃어버리게 됩니다. 독일의 알츠하이머 박사가 처음 이 치매를 발견해서 이름을 알츠하이머 치매라 부르게 되었습니다. 알츠하이머 박사의 치료를 받던 50대 여성이 시름시름 죽어가서 사후에 뇌를 해부하여 보니 뇌세포에 독성물질(베타 아밀로이드)이 쌓여 있어서 뇌의 기능을 잘 하지 못하고 죽어갔다는 겁니다.

2015년 현재 62만 명의 치매 환자가 있고, 10년 후에는 치매가 미래 '인류의 주적'이라고 할 정도로 심각성을 나타내고 있습니다. 뇌의 독성물질이 해마에 쌓이고 그것이 점점 퍼져서 전두엽으로 또한 대·소변을 주관하는 뇌까지 파괴하면서 정상적인 삶을 살지 못하게 하는 겁니다.

무엇보다 중요한 사실은 치매에 걸리지 않게 예방하는 것입니다. 65세가 되면 치매문답 검사부터 하고, 초기에 발견하면 뇌에 도움이 되는 신경전달 물질이 파괴되지 않도록 약을 복용해야 합니다.

우리말 속담에 '호미로 막을 것을 가래로도 못 막는다'는 말처럼 초기 발견이 아주 중요합니다. 이왕이면 다홍치마라고 기왕이면 예쁜 치매로 진행할 수 있도록 정기검사와 꾸준한 약 복용이 필요합니다.

치매예방법

진땀나게 운동하고

인정사정없이 담배 끊고

사회활동 많이 하고

대뇌활동 잘하기

천박하게 술 마시지 말자

명을 연장하는 식사하기(야채, 생선, 견과류 등)

고혈압, 고지혈증, 고혈당 예방하기

예민한 성격, 게으른 성격, 냉소적 성격 피하기

웃음(하루에 10분 이상 큰 소리로 웃자)

칭찬하자

감사하자

🌸 부모님의 앨범을 이야기로 만들어 보세요

저는 2015년에 웰다잉(Welldying)을 공부했습니다. 주민센터에 신청만 하면 무료로 강의를 듣는 좋은 기회가 있었습니다. 웰빙(Well-being)은 잘 먹고 잘 사는 거, 웰다잉(Welldying)은 어떻게 죽음을 잘 준비해서 아름답게 죽을 것인가를 공부하는 과정입니다.

저는 어머니의 앨범을 가지고 이야기를 만들었습니다. 20세 때 아버지를 만나서 결혼하고, 아이를 낳아 키우는 삶의 과정을 사진으로 만들었습니다. 20세부터의 사진으로 엄마의 인생을 만들었습니다. 엄마의 장롱 속에 오랜 시간 동안 보관했던 사진첩을 보면서 새삼스럽게 엄마의 시간들을 발견해 갔습니다. 정말 아낌없이 주는 나무처럼 아버지를 만나서 10년 동안 정으로 살았고, 그 인연이 끊어진 후 살아오신 사진을 보면서 엄마가 불쌍하고 대단하다고 느꼈습니다. 엄마는 결혼생활 10년 동안 아버지와 살면서 그냥 그런대로 무난하게 살았던 것 같습니다. 키도 크고 잘 생긴 아버지는 술을 좋아하시고, 친구들과 사촌들과 함께 지내는 것을 좋아하셨습니다. 급성간염으로 아버지는 마흔을 못 넘기고 세상을 떠나셨습니다. 엄마의 이 시대 사진을 보면서 엄마는 당신의 결혼한 이야기와 친정 엄마가 결혼할 때 잘 해 주셨다는 등의 이야기를 풀어 놓곤 하셨습니다. 사진을 보면서 한증막을 운영해서 돈을 많이 벌었던 때가 좋았다든가, 딸의 대학졸업 사진을 보면서 귀엽다고 좋아 하셨습니다. 손자, 손녀 사진을 보면서 "이때는 내가 젊었었지"라고 말하시면서 "이때가 좋았지" 하면서 재밌어 하셨습니다.

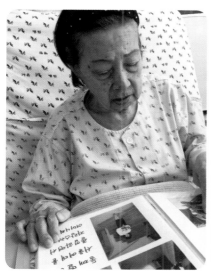 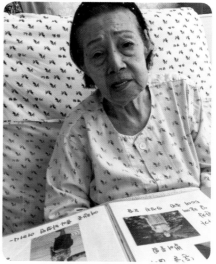

♡ 도움말

부모님 앨범을 꺼내서 나이별로 이야기를 만들어 보세요. 최근 기억은 잃어 버리지만 오래된 사진을 통해서 당신의 숨은 이야기가 나옵니다. 병원에서 심심할 때 앨범을 통해서 지루한 시간을 이겨낼 수 있습니다. 사진을 보면서 언어 기능 강화와 기억력에 도움이 됐습니다.

이런 회상요법은 정서적으로, 심리적으로, 치매 대상자에게 유용한 시간을 줄 수 있습니다.

돈 없어서 안 가지고 가요

　엄마는 정직했습니다. 생활신조는 없으면 굶고, 있을때면 쌀, 연탄, 소금 이 세 가지는 꼭 먼저 준비해 놓는 습관었습니다. 아버지가 일찍 돌아가셨지만 나는 경제적으로 풍족하게 쓰고, 사고 싶은 것도 엄마가 척척 사주셨습니다. 학교 다닐 때도 엄마는 아버지가 계시지 않은 사실 때문에 아이들에게 기죽을까봐 등록금도 일등으로 내주셨습니다. 엄마는 부지런하셔서 아침에 일찍 일어나시고 저녁에 늦게까지 일하셨습니다. 엄마는 오로지 은행만 거래하셨습니다. 그리고 항상 주머니에는 여웃돈이 있었습니다. 마음 내키지 않는 것을 꺼려하고, 마음을 비우고 욕심내지 않았습니다.

　요양병원에서 금요일이면 원예치료 프로그램이 있습니다. 선생님이 믿음도 좋으시고 연약한 어르신들께 정성껏 지도하십니다. 꽃꽂이와 화분에 꽃을 심기도 합니다. 아름다운 꽃을 보면서 꽃잎도 만지고, 흙을 만지며 돌맹이를 만지면 촉감을 느끼게 되고, 소근육 발달과 정서적 발달에도 많은 도움이 됩니다. 화분도 직사각형, 정사각형, 원형, 쟁반 접시 등 다양하게 구성되어 있습니다. 엄마의 눈으로 봤을 때 화분이 비싸 보였나 봅니다. 당신들이 직접 만든 것은 병실에 갖다 놓도

록 되어 있습니다. 엄마 성격이 나왔습니다. "나는 돈 없어서 이런 거 안 삽니다. 나는 가지고 가지 않습니다." 사회복지사 선생님이 "이미 돈을 다 냈으니까 그냥 가지고 가셔도 되요"라고 해도, 엄마는 괜찮다고 하면서 남의 물건을 안 가져 오셨답니다. '나는 돈이 없어서 안 산다고 했는데 왜 자꾸 나한테 이런 걸 주시나요, 괜찮아요'하는 엄마의 잠재 의식 속에 내 것이라고 생각하지 않는 것에 욕심을 내지 않는 좋은 정신이 있습니다.

어느 날 프로그램실에 아무도 없기에 엄마랑 사진도 찍고, 노래도 불렀습니다 프로그램실에는 피아노도 있습니다. 나는 어머니에게 피아노를 좀 들려 주고 싶었습니다. 그러나 엄마는 버티면서 "왜 남의 물건에 손을 대느냐 절대로 남의 물건 만지지 말라"고 하면서 거절하셨습니다. 우리 엄마는 정말 정직한 분이었습니다.

♡ 도움말

현재의 생활 속에는 당신의 감정부터 성격까지 나옵니다. 좋은 습관, 나쁜 습관, 짜증내는 습관 등 원래 성격이 표출됩니다. 치매 대상자에게 설명을 쉽게, 친절하게 이야기해 주면 화를 덜 낼 수 있으며, 행동을 완화시키는데 도움이 됩니다. 대상자의 감정을 존중해 주세요.

예수님이 좋은 걸 어떻게 합니까?

엄마 요양병원은 수요일 오후 1시 30분에 예배가 있습니다. 15년 동안 목사님과 사모님께서 요양병원에서 헌신하시며 말씀을 증거하여 주십니다. 목사님께서 현재 신장이 안 좋아서 신장투석을 하고 계십니다. 목사님과 사모님이 일주일에 두 번 예배를 드리고 있는데 건강하신 몸도 아닌데도 불구하고 말씀을 전하실 때 쩌렁쩌렁 목소리가 우렁찹니다. 연약한 어르신들께 최선을 다해 정성껏 준비하신 말씀을 엄마는 들을 때마다 은혜가 풍성하답니다. 하나님께서 엄마를 이 병원으로 인도해 주셔서 은혜를 주셨습니다. 세례도 받고, 찬송도 열심히 부르시면서 영혼이 잘 된 것 같이 범사가 강건해질 수 있습니다. 엄마가 좋아하는 찬양은 383장입니다. "눈을 들어 산을 보니 도움 어디

서 오나 천지 지은 주 하나님 나를 도와 주시네" 정말 찬양의 가사 대로 창조주 하나님께서 엄마에게 긍휼을 베푸사 죽음의 고비를 넘어서 강건하게 해주시고 남은 여생을 주님과 함께 풍성한 삶으로 은혜를 허락하심을 감사합니다. 엄마는 남편 없이 네살, 여덟살, 열살 딸들을 키우며 성실하게 살아왔습니다. 어렵고 힘든 고통의 삶 속에서도 엄마는 낙심하지 않고 또순이처럼 강인하게 인생을 사셨습니다. 젊었을 때 40년 동안 절에 다녔고 매월 초 하루에는 막걸리와 시루떡을 준비해서 정성을 드렸습니다. 세월이 물같이 흘러 세 딸들을 대학을 보내고, 졸업을 하고, 시집을 보내고, 손자·손녀를 보고… 담담하게 당신의 삶을 받아들이면서 겸손하게 사셨습니다.

79세까지 큰 사고 없이 병원에 입원하지 않고 건강하게 살아왔습니다. 엄마는 남에게 악하게 하지 않고 항상 선하게 좋은 것이 좋은 것이라는 긍정적인 인생을 살아 왔지만 엄마 자신을 위해서 살지는 못하셨던 것 같습니다. 치매 진단을 받기 전 78세 쯤부터는 얼굴색이 별로 밝지 않고, 매일 변비로 고생하고 허리와 무릎이 아파서 파스를 무릎 밑에까지 도배하며 살았습니다. 엄마집에 일주일에 한번 정도는 가서 엄마랑 목욕도 가고, 시장도 가고, 식당가서 맛있는 것도 먹고, 노래도 불렀지만 저녁에 되어 집에 가기 위해 헤어질 때 엄마는 아쉬워하고, 외로워하시는 것을 느꼈습니다. 그리고 치매에 걸리면서 든 생각은 엄마가 외로워서 치매에 걸리지 않았나 자책했습니다. 언니는 양평에, 동생은 대전에, 저는 인천에 살다 보니 엄마를 혼자 너무 외롭게 방치했던 것 같아 너무 미안한 마음이 들었습니다. 그리고 엄마의 치매의 큰 원인의 하나가 외로움이었다는 것을 절실히 깨달았습니다. 치매 진단을 받고 엄마가 요양병원에 입원하고 나서는 언니도 동생도 봉천동 집에 혼자 계실 때보다 자주 신경 써서 엄마를 보러 왔습니다. 엄마가 젊었을 때 부지런해서 벌어놓은 경제적 노후대책이 준비되어 있어서 병원비 걱정을 덜어주어 진심으로 감사했습니다. 엄마는 지금 병원에서 행복한 시간을 보내고 있습니다. 시간에 맞추어 아침, 점심, 저녁 세 끼의 따뜻한 밥을 드시고, 균형 잡힌 영양가가 있는 반찬도 잘 나와서 엄마의 얼굴이 건강한 모습으로 밝게 바뀌었습니다. 엄마는 육신의 건강과 영혼의 건강이 조화를 이뤄 더 젊어지고, 고와지고, 밝은 모습으로 안정되어서 건강하게 지내십니다. 몸도 건강하면서 여유로운 마음이 생기니 잘 웃고, 농담도 하시고, 노래도 잘 부르고, 이름도 아주 예쁘게 잘 쓴답니다. '너의 출입을 지금부터 영원토록 인도하실 이 풍성한 하나님'의 찬송가 가사처럼 여호와의 인도 아래서 풍성한 복을 누리며 살 수 있게 해주셔서 감사드립니다. 예수님을 영접하기 전에 엄마는 슬픔과 외로움과 무거운 짐으로 힘들었지만, 이제는 예수님을 구주로 받아들이고, 세례까지 받을수 있어서 진심으로 감사드립니다.

♡ 도움말

부모와 함께 손을 잡고 기도해 보세요.
부모님의 연약함을 칭찬해 주세요.
남은 여생에서 주님을 영접하여 풍성한 노년을 보내세요.

❀ 수고하고 무거운 짐 진 자들아 다 내게로 오라

하나님께서 언젠가는 "점옥아, 이 땅에서 정말 수고 많았구나. 이제 내 옆으로 와서 영원한 안식을 누리며 쉬러 오거라" 부르실 때가 오겠죠. 이 땅에 사는 동안 누구나 각자의 사명과 소명이 있답니다. 엄마의 사명은 과연 무엇일까 생각해 보았습니다.

20대에 결혼해서 30대에 혼자되면서 딸 셋과 건강한 가정을 꾸리며 어머니로서 가장으로서 열심히 사명을 감당하며 살아왔습니다.

현재 엄마 나이는 83세입니다. 노년의 나이에 엄마를 통해서 믿지 않는 친척과 친구들이 예수님을 영접하고 영혼 구원의 은총을 받을 수 있도록 하나님이 엄마를 축복의 통로로 사용하실 것이라는 믿음이 생깁니다.

점옥 엄마의 가슴 아픈 치매와 심장판막협착증과 골반 골절로 인한 고통과 아픔은 자식으로서 가까이에서 그 모습을 지켜볼 때 정말 너무 힘들고 안타까운 일이었습니다. 그러나 흘러가는 순간순간마다 주님의 크신 은혜로 지금의 풍성함을 누리며 잘 살고 있습니다.

하나님의 은혜와 인도 가운데 엄마가 좋은 병원을 만나 치료도 잘받

하나님은 우리의 피난처시요
힘이시니 환난중에 만날
큰 도움이시라

시 46

고, 가족들도 자주 오면서 엄마의 얼굴색이 밝아지고 더욱 고와지고 있음에 감사합니다.

현재, 엄마의 체중은 점점 줄어들고, 체격도 왜소한 모습이지만, 마치 어린아이처럼 기분이 좋으면 노래도 부르고, 때로는 덩실덩실 어깨춤도 추며 신나는 모습을 보여 딸들에게도 큰 웃음을 주서서 감사할 때가 많습니다.

앞으로의 소망은 엄마의 건강이 더 이상 악화되지 않고 주님께서 부르는 그날에 잠자듯이 고통없이 하늘 나라에 가는 것입니다. 그리고 지금처럼 우리와 함께 웃고 즐기며, 기쁨과 소망을 그리고 믿지 않는 자에게 예수님을 전하며 살아가는 것입니다.

'지금까지 주의 크신 도움을 받아 이때까지 왔으니 이와같이 천국에도 이르기를 바라네'라는 찬양이 생각납니다. 복의 근원이신 하나님을 인생 후반에 만나게 하셔서 엄마와 우리에게 풍요로운 삶을 보내게 도와주신 하나님께 진심으로 감사드립니다.

♡ 도움말

부모님께 천국 소망의 꿈을 심어 주세요.
이 땅의 삶은 안개와 같이 잠시 머물다 날아가는 삶이니 욕심 부리지 말고 매일의 삶에 감사하세요.
주어진 삶에 정성과 최선을 다해 부모님과 행복한 삶을 보내세요.

'새가 되고 싶어요'

나는 새가 되고 싶어요
내 어깨의 무거운 예쁜 짐을
가볍게 하고 싶어요.

나는 바람이 되고 싶어요
마음속에 가득 찬 걱정들을
하늘에 날려 보내고 싶어요.

나는 말이 되고 싶어요
내 등위에 묵직한 짐들을
빠르게 달려서 옮기고 싶어요.

나는 나비가 되고 싶어요
강가에 산위에 자유롭게
신나게 훨훨 날아가고 싶어요.

나는 구름이 되고 싶어요.
파란 하늘에 마음껏 예쁜 모양을 만들어
외로운 사람들에게 기쁨을 나누고 싶어요.

3부
행복한 병원
생활 스케치

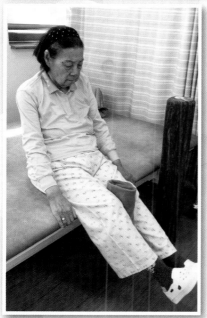

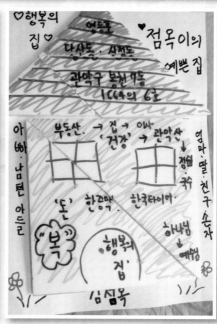

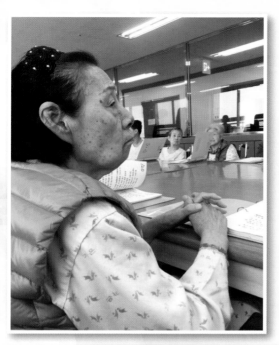

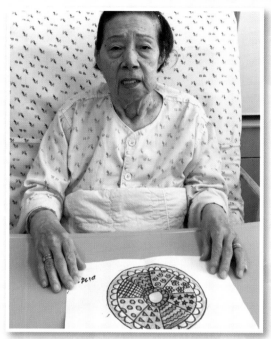

은혜로 핀 꽃

어머니는 삶이 사랑과 정직의 실천이었습니다.

사위도 자식이라며 한없는 사랑을 베푸셨습니다.
일하는 사람을 잘먹여야 된다고 사랑을 베푸셨습니다.
세입자들이 장사가 어려운것 같다고 하시며 10년이 넘도록 세를 안 올리고 오히려 힘들어 보이면 세를 낮춰주셨습니다.
집에 방문하는 가족이나 친구나 손님이나 전자제품 수리 기사님들이라도 그냥 빈손으로 보내는 일은 없었습니다.
눈이 오면 누가 눈길에 넘어질까 제일 먼저 집 주변을 치우셨습니다. 누구에게라도 손해를 끼치거나 불편하게 하시는 일은 하지않으셨습니다.
그렇게 칠십여 평생을 사셨습니다.

몇 해 전 치매와 잦은 탈진으로 병원을 다니시다가 골반골절 때문에 요양병원에서 요양 치료를 하시게 되었습니다. 거기에서 기적을 보았습니다. 암울할 것만 같던 요양병원 생활이 그간 베푸신 사랑을 보답 받는 그런 시간으로 바뀌었습니다. 집에서 생활하실 때보다 훨씬 더 건강해지셨고, 일주일에 4~5회는 자녀들이 돌아가면서 병원에 방문해서 좋은 시간을 보내고, 병원의 여러 가지 요양 프로그램으로 외롭지 않으십니다.

특히 병원 생활을 통해서 세례를 받으시고 집사 직분을 받으시고 천국에 소망을 두시게 되어 더욱 감사합니다.

병상일기로 쓴 이 책은 일상에서의 소소한 기적을 기록한 책입니다. 그 소소한 기적을 공유하고 혹시라도 동병상련의 나눔으로 비슷한 처지의 가정에 도움이 되고자 썼습니다.

처가에 방문했다가 나올 때면 집 앞까지 항상 나오셔서 눈에 보이지 않을 때까지 손 흔들어주시던 그 모습이 눈에 선합니다.

그래서 더 기도합니다. 예수님으로 인하여 요양병원 생활이 그리고 여생이 기쁨이 되고, 감사가 되고, 찬양이 되시라고 늘 기도합니다.

이 모습 이대로 건강하게 행복하게 오래 오래 사세요.

사위 **김영관** 드림